ቤት-ትምህርቲ - escola • 2
መገሻ - viagem • 5
መጓዓዝያ - transporte • 8
ከተማ - cidade • 10
ስእሊ. መሬት - paisagem • 14
ቤት-መግቢ. - restaurante • 17
ሱፐርማርኬት - supermercado • 20
መስተ - bebidas • 22
መግቢ. - comida • 23
ቤት ሕርሻ - quinta • 27
ገዛ - casa • 31
ክፍሊ. ምቕማጥ - sala de estar • 33
ክሽነ - cozinha • 35
ክፍሊ. ባንዮ - casa de banho • 38
ክፍሊ. ቆልዑ - quarto de criança • 42
ክዳን - vestuário • 44
ቤት ጽሕፈት - escritório • 49
ቍጠባ - agricultura • 51
ሞያታት - profissões • 53
ናውቲ - ferramentas • 56
መሳርሒ. ሙዚቃ - instrumentos musicais • 57
መካነ እንስሳታት - jardim zoológico • 59
ስፖርት - desporto • 62
ንጥፈታት - atividades • 63
ስድራቤት - família • 67
ኣካላት - corpo • 68
ሆስፒታል - hospital • 72
ህጹጽ ኩነት - emergência • 76
ምድሪ - terra • 77
ሰዓት - relógio • 79
ሰሙን - semana • 80
ዓመት - ano • 81
ቅርጽታት - formas • 83
ሕብርታት - cores • 84
ኣንጻራት - opostos • 85
ቁጽርታት - números • 88
ቋንቋታት - idiomas • 90
መን / እንታይ / ከመይ - quem / o quê / como • 91
ኣበይ - onde • 92

Impressum
Verlag: BABADADA GmbH, Nedderfeld 112 , 22529 Hamburg
Geschäftsführer / Verlagsleitung: Harald Hof
Druck: Books on Demand GmbH, In de Tarpen 42, 22848 Norderstedt

Imprint
Publisher: BABADADA GmbH, Nedderfeld 112 , 22529 Hamburg, Germany
Managing Director / Publishing direction: Harald Hof
Print: Books on Demand GmbH, In de Tarpen 42, 22848 Norderstedt, Germany

ቤት-ትምህርቲ

escola

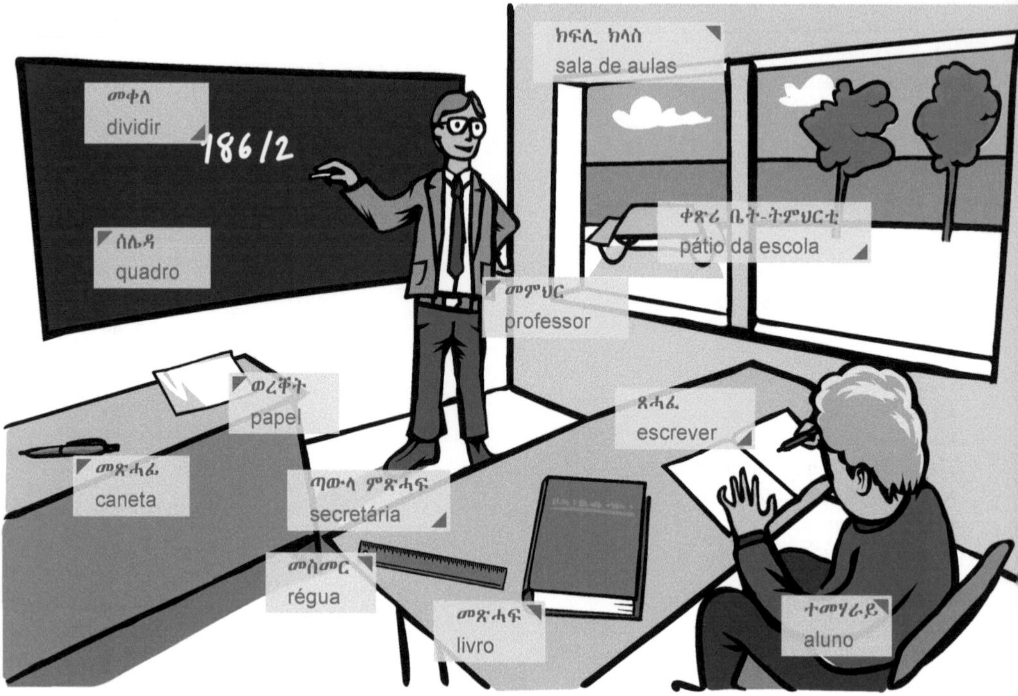
ክፍሊ ክላስ
sala de aulas
መቀለ
dividir
186/2
ሰሌዳ
quadro
ቀጽሪ ቤት-ትምህርቲ
pátio da escola
መምህር
professor
ወረቐት
papel
ጸሓፈ
escrever
መጽሓፊ
caneta
ጣውላ ምጽሓፍ
secretária
መስመር
régua
መጽሓፍ
livro
ተመሃራይ
aluno

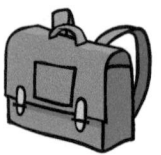

ሳንጣ ትምህርቲ

mochila

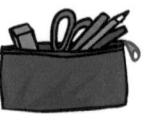

ሰፊር ብርዒ

estojo de lápis

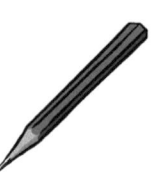

ርሳስ

lápis

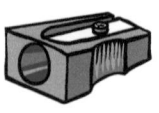

መብልሒ ርሳስ

afia-lápis

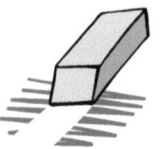

መደምሰሲ

borracha

ጥራዝ ስእሊ

bloco de desenho

ስእሊ
desenho

ብርኂ ቀለም
pincel

ቦክስ ቀለም
caixa de tintas

መቐስ
tesoura

መጣበቒ
cola

ጥራዝ መላመዲ
livro de exercícios

ዕዮ ገዛ
trabalhos de casa

12

ቁጽሪ
número

2+2

ወሰኽ
somar

5-2

ጎደለ
subtrair

2×2

ረብሐ
multiplicar

ደመረ
calcular

A

ፊደል
letra

ABCDEFG
HIJKLMN
OPQRSTU
VWXYZ

ስርዓት ፊደላት
alfabeto

hello

ቃል
palavra

ጽሑፍ

texto

አንበበ

ler

ኩርሽ

giz

ሰዓት

hora

መዝገብ ክላስ

registo de presenças

መርመራ

exame

ሰርቲፊከት

certificado

ድቢዛ ቤትትምህርቲ

uniforme escolar

ትምህርቲ

educação

ለክሲኮን

enciclopédia

ዩኒቨርሲቲ

universidade

ሚክሮስኮፕ

microscópio

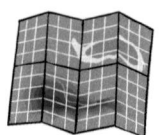

ካርታ

mapa

ጎሓፍ ወረቐት

cesto de lixo

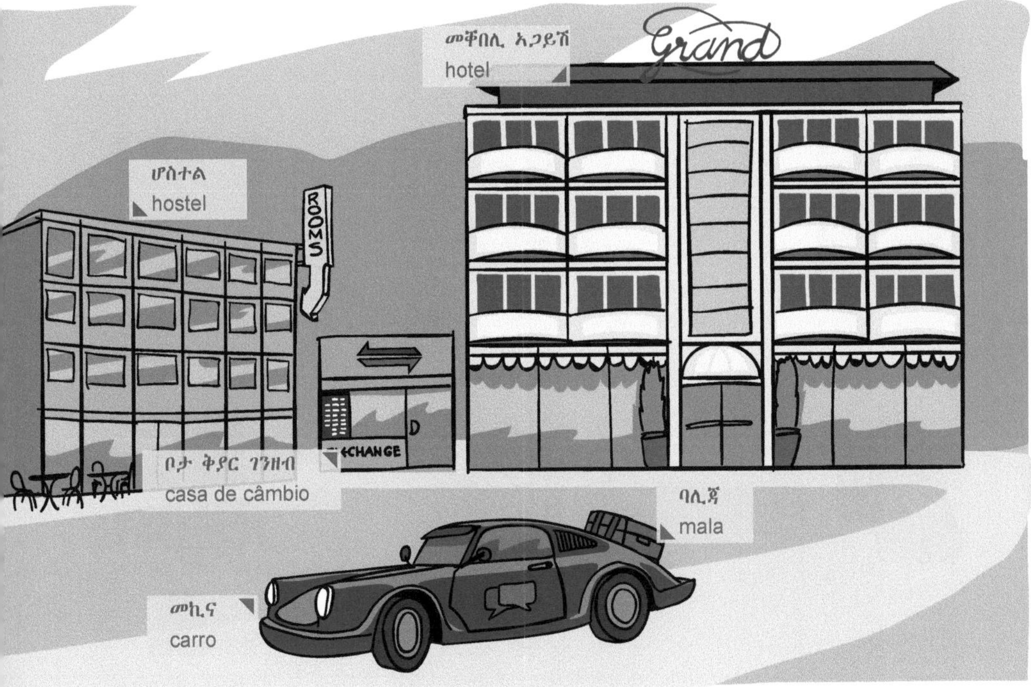
Grand
መቐበሊ ኣጋይሽ
hotel
ሆስተል
hostel
ROOMS
EXCHANGE
ቦታ ቅያር ገንዘብ
casa de câmbio
ባሊጃ
mala
መኪና
carro

ቋንቋ

idioma

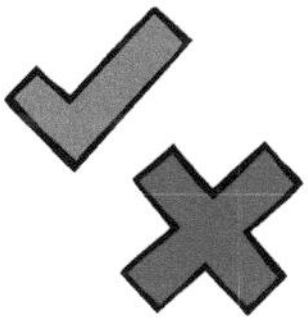

እወ / ኖ

sim / não

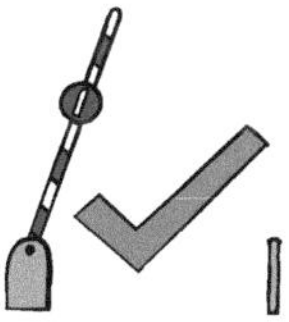

ሕራይ

ok / certo / correto

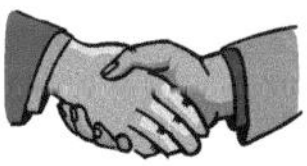

ሰላም

olá

ኣስተርጓሚ

intérprete

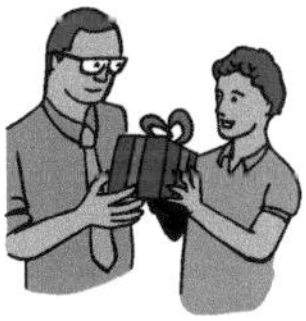

የቐንየለይ

obrigado

. . . ክንደይ ዋግኡ?

quanto é que custa... ?

አይተረድአኹን

não entendo

ሽግር

problema

ሰላም ምሽት!

boa noite!

ከመይ ሓዲርካ

Bom dia!

ሰላም ለይቲ

Boa noite!

ደሓን ኩን

adeus

አንፈት

direção

ጉዕዞ

bagagem

ሳንጣ

saco

ሳንጣ ሕቖ

mochila

ጋሻ

convidado

ክፍሊ

quarto

ክሻ መደቀሲ

saco-cama

ቴንዳ

tenda

ሓበሬታ በጻሕቲ ነገር

informação turística

ገምገም ባሕሪ

praia

ክረዲት ካርድ

cartão de crédito

ቁርሲ

pequeno-almoço

ምሳሕ

almoço

ድራር

jantar

ቲከት

bilhete

ሊፍት

elevador

ማሕተም ደብዳቤ

selo postal

ዶብ

fronteira

ድንና

alfândega

ኣምባሲ

embaixada

ቪዛ

visto

ፓስፖርት

passaporte

transporte

ነፋሪት
avião

መርከብ
navio

መኪና መጥፍኢ ሓዊ
carro de bombeiros

ናይ ጽዕነት መኪና
camião

ኣውቶቡስ
autocarro

ጃልባ ሞቶር
barco a motor

መኪና
carro

ብሽግለታ
bicicleta

ፌሪ
cacilheiro

ጃልባ
barco

ሞቶ
mota

መኪና ፖሊስ
carro de polícia

መኪና ቅድድም
carro de corrida

ክራይ መኪና
carro alugado

ምውፋይ መካይን
....
carsharing

መወሰዲ መኪና
....
camião de reboque

መኪና ጎሓፍ
....
camião do lixo

ሞቶር
....
motor

ነዳዲ
....
combustível

እንዳ ነዳዲ
....
estação de serviço

ምልክት ትራፊክ
....
sinal de trânsito

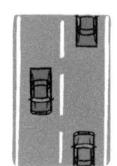

ትራፊክ
....
trânsito

ምጭቕጫቕ ትራፊክ
....
congestionamento de trânsito

መዕሸጊ መኪና
....
parque de estacionamento

መዕረፊ ባቡር
....
estação ferroviária

ሓዲግ
....
carris

ባቡር
....
comboio

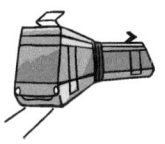

ትረም
....
elétrico

ባጎኒ
....
carruagem

ሄሊኮፕተር

helicóptero

መዓረፍ ነፈርቲ

aeroporto

ታወር

torre

ተጓዓዚ

passageiro

ኮንተይነር

contentor

ሳንዱቕ ካርቶን

caixa de papelão

ኮርሳ ጽዕነት

carrinho

ዘንቢል

cesto

ተበገሰ / ዓለበ

levantar voo / aterrar

ከተማ

cidade

ቀዬሽት

aldeia

ማእከል ከተማ

centro da cidade

ገዛ

casa

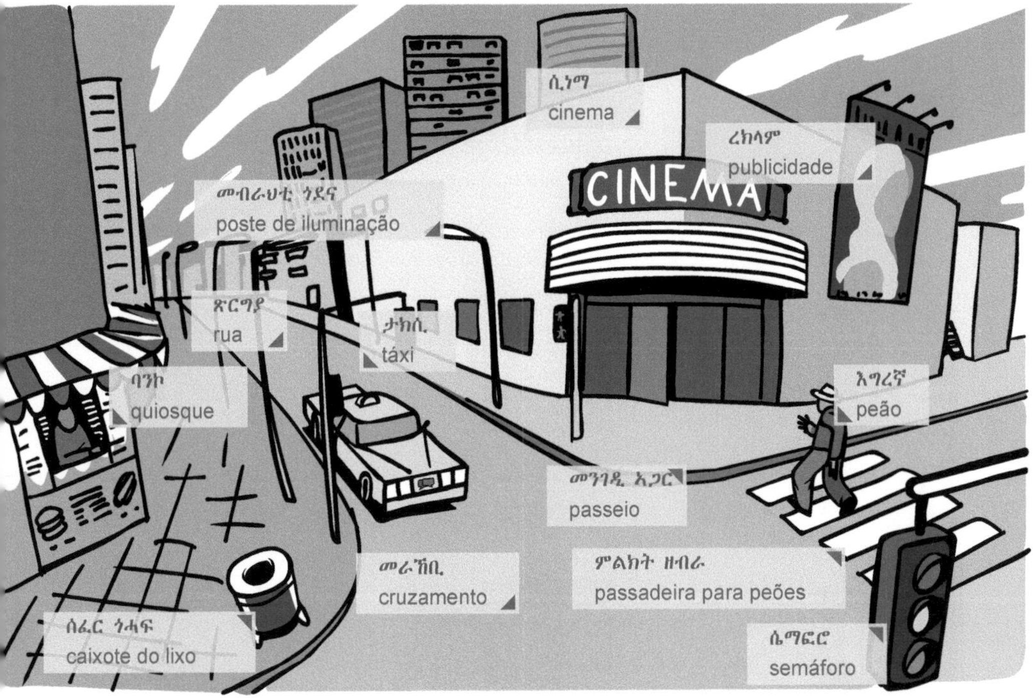

ሲነማ
cinema

ረክላም
publicidade

መብራህቲ ጎደና
poste de iluminação

ጽርግያ
rua

ታክሲ
táxi

ባንኮ
quiosque

CINEMA

እግረኛ
peão

መንገዲ እግር
passeio

መራኸቢ
cruzamento

ምልክት ዘብራ
passadeira para peões

ሰፈር ጎሓፍ
caixote do lixo

ሴማፎር
semáforo

አጉዶ

cabana

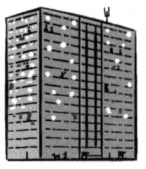

አፓርትመንት

apartamento

መዕረፊ ባቡር

estação ferroviária

ቤት ምምሕዳር

câmara municipal

ቤተ መዘክር

museu

ቤት-ትምህርቲ

escola

ዩኒቨርሲቲ
....
universidade

ባንክ
....
banco

ሆስፒታል
....
hospital

መቐበሊ ኣጋይሽ
....
hotel

ቤት መድሃኒት
....
farmácia

ቤት ጽሕፈት
....
escritório

ዱኳን መጽሓፍቲ
....
livraria

ዱኳን
....
loja

ዱኳን ዕንባባ
....
florista

ሱፐርማርክት
....
supermercado

ዕዳጋ
....
mercado

ሹቕ
....
loja de departamentos

ነጋዶይ ዓሳ
....
peixaria

ሹቕ
....
centro comercial

መርሳ
....
porto

መዝናግዒ
parque

ባንኪ
banco

ድልድል
ponte

መደያይቦ
escadas

ባቡር ትሕቲ ምድሪ
metro

ቢንቶ
túnel

መዕረፊ ኣውቶቡስ
paragem de autocarro

ቤት መስተ
bar

ቤት-መግቢ
restaurante

ሰታሪት
caixa de correio

ታቤላ
sinal de trânsito

ሰዓት ፓርኪንግ
parquímetro

መካነ እንስሳታት
jardim zoológico

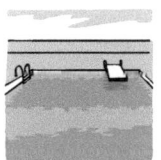

መሓምበሲ
piscina

መስጊድ
mesquita

ቤት ሕርሻ
....
quinta

ብክላ
....
poluição

መቃብር
....
cemitério

ቤተክርስትያን
....
igreja

ቦታ ምጽዋት
....
parque infantil

ቤት መቅደስ
....
templo

ስእሊ መሬት

paisagem

አቝጽልቲ
folha

መሕበሪ መገዲ
placa de sinalização

መገዲ
caminho

ሽኻ
prado

እምኒ
pedra

ኰብላሊ
caminhantes

አግራ·ብ
árvore

ፈለግ
rio

ሰዓሪ
relva

ዕንባባ
flor

ስንጭሮ
....
vale

ጎበ
....
montanha

ቀላይ
....
lago

ዱር
....
floresta

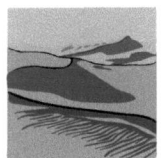

ምድረ በዳ
....
deserto

እሳተ-ጎመራ
....
vulcão

ግምቢ
....
castelo

ቀስተ-ደመና
....
arco-íris

ቃንጥሻ
....
cogumelo

ዓርኮብኮባይ
....
palma

ጣንጡ
....
mosquito

ሃመማ
....
mosca

ጻጻ
....
formiga

ንህቢ
....
abelha

ሳሬት
....
aranha

ሕንዚዝ

besouro

ዕንቅርያብ

sapo

ምጽጻሳይ

esquilo

ቅንፍዝ

ouriço

ማንቲለ

lebre

ጉንጎ

coruja

ጭሩ

pássaro

ስዋን

cisne

መፍለስ

javali

ዓጋዘን

veado

ሙስ

alce

ግድብ

barragem

ተርባይን ንፋስ

turbina eólica

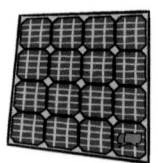

ሶላር ስርሓት

painel solar

ኩነታት ኣየር

clima

ቤት-መግቢ
restaurante

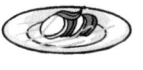

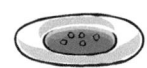

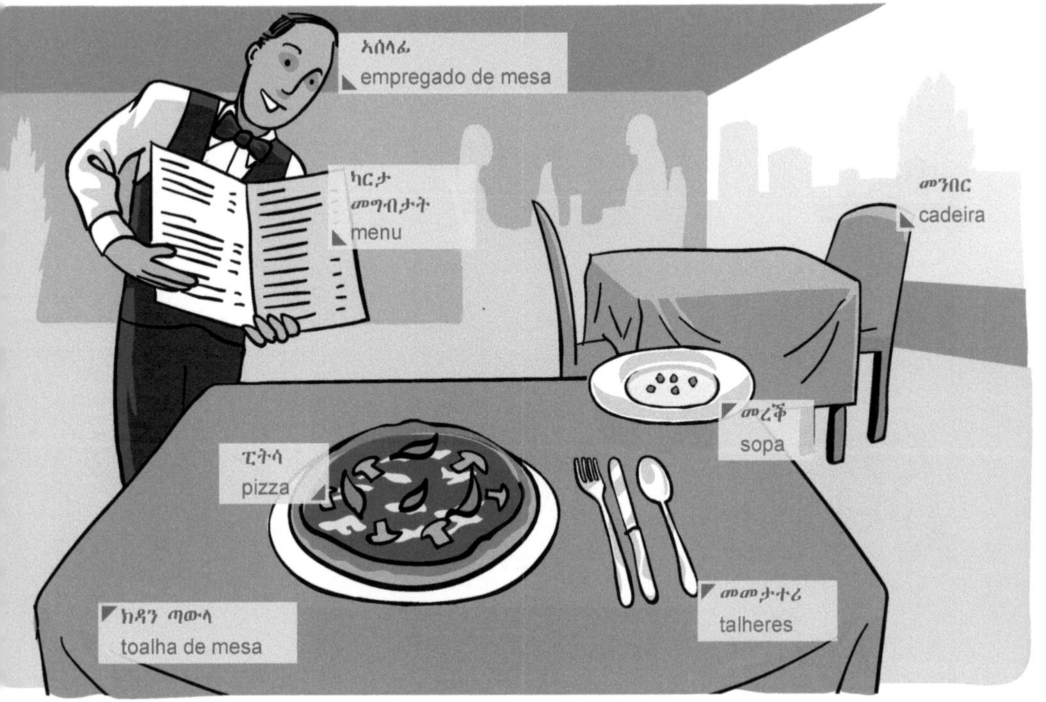

ኣሰላፊ
empregado de mesa
ካርታ
መግብታት
menu
መንበር
cadeira
መረቕ
sopa
ፒትሳ
pizza
መመታተሪ
talheres
ክዳን ጣውላ
toalha de mesa

ቅድመ ቀንዲ መግቢ
....
entrada

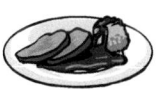

ቀንዲ መኣዲ
....
prato principal

ድሕረ መግቢ
....
sobremesa

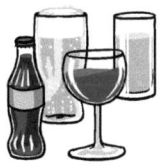

መስተ
....
bebidas

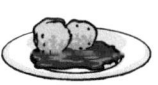

መግቢ
....
comida

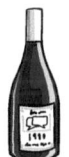

ጥርሙዝ
....
garrafa

ስሉጥ መግቢ.

fast food

መግቢ. ጽርግያ

comida de rua

ብርጭቆ ሻሂ

bule de chá

ታኒካ ሹኮር

açucareiro

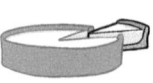

ክፋል

porção

ማሺን ኤስፕረሶ

máquina de café expresso

ነዋሕ መንበር

cadeira alta

ጻብጻብ

conta

ታብለት

bandeja

ካራ

faca

ፉርከታ

garfo

ማንካ

colher

ማንካ ሻሂ

colher de chá

ሰርቪየተ

guardanapo

ብኬሪ

copo

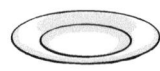

ሽሓኒ
....
prato

ሽሓኒ መረቕ
....
prato de sopa

ትሕቲ ኩባያ
....
pires

ጸብሒ
....
molho

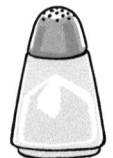

መህቢ ጨው
....
saleiro

መጥሓን በርበረ
....
moinho de pimenta

ኣቾቶ
....
vinagre

ዘይቲ
....
óleo

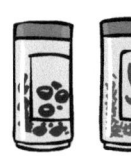

ቀመም
....
especiarias

ከቾፕ
....
ketchup

ኣድሪ
....
mostarda

ማዮኔዝ
....
maionese

ሱፐርማርክት

supermercado

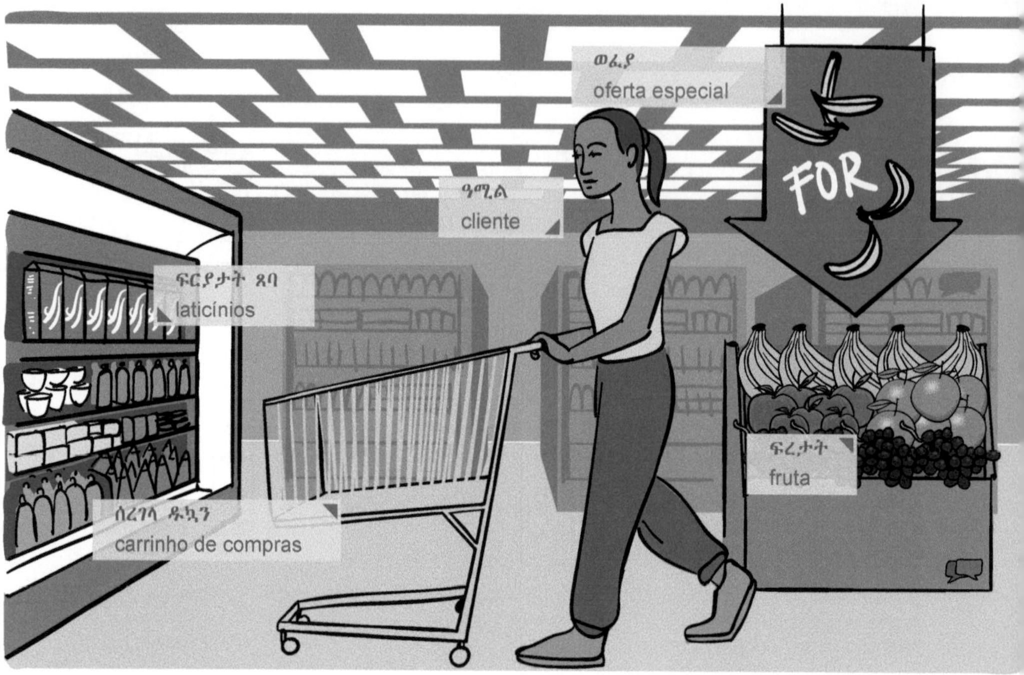

ወፈያ
oferta especial
FOR
ዓሚል
cliente
ፍርያታት ጸባ
laticínios
ፍረታት
fruta
ሰረገላ ዱኳን
carrinho de compras

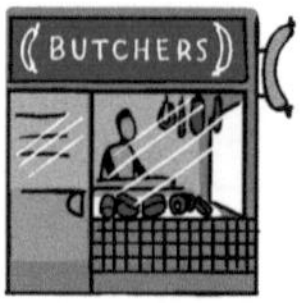

BUTCHERS

እንዳ ስጋ

talho

BAKERY

እንዳ ባኒ

padaria

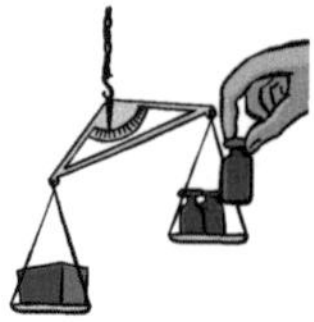

ክብደት

pesar

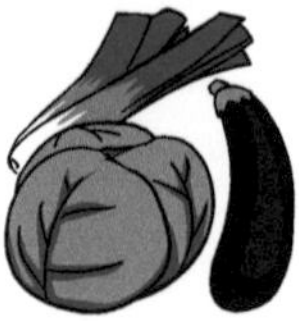

ኣሕምልቲ

vegetais

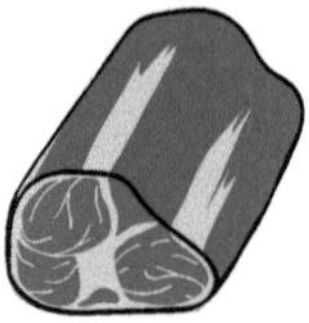

ስጋ

carne

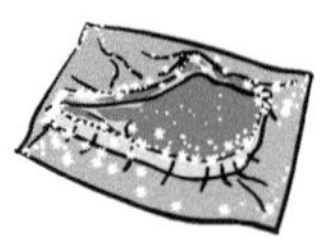

መግቢ ፍሪጅ በረድ

alimentos congelados

ዝሑል ቅሩብ መግቢ.

charcutaria

እስታላ

comida enlatada

አሞ

detergente em pó

ምቁር መግቢ.

doces

ዘቤታውያን አቑሑ

artigos domésticos

ናውቲ መጸረዩ.

produtos de limpeza

ሸቃጣይ

vendedora

ካሳ

caixa

ተሓዝ ገንዘብ

caixa

ዝርዝር ምግዛእ

lista de compras

ክፉት ሰዓታት

horário de funcionamento

ማሕፉዳ

carteira

ክረዲት ካርድ

cartão de crédito

ሳንጣ

saco

ፌስታል

saco de plástico

ማይ

água

ጽማቊ

sumo

ጸባ

leite

ኮላ

coca-cola

ነቢት

vinho

ቢራ

cerveja

አልኮል

álcool

ካካው

cacau

ሻሂ

chá

ቡን

café

ኤስፕረሶ

café expresso

ካፑቺኖ

capuccino

ባናና

banana

ቱፋሕ

maçã

አራንጅ

laranja

ብርጭቆ

melão

ለሚን

limão

ካሮት

cenoura

ጾዳ ሽጉርቲ

alho

ባምቡስ

bambu

ሽጉርቲ

cebola

ቅንጥሻ

cogumelo

ፉል

nozes

ፓስታ

talharim

ስፓገቲ

esparguete

ሩዝ

arroz

ሰላጣ

salada

ቅልዋ ድንሽ

batatas fritas

ቅሉው ድንሽ

batatas fritas

ፒትሳ

pizza

ሃምቡርገር

hambúrguer

ፓኒኖ

sanduíche

ቢስተካ

bife panado

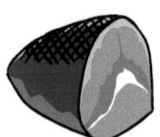

ሰለፍ ሓሰማ

fiambre

ሳላሚ

salame

ግዕዝም

salsicha

ደርሆ

galinha

ቀለወ

assado

ዓሳ

peixe

ገዓት
flocos de aveia

ሙስሊ
muesli

ኮርንፍለይክስ
flocos de milho

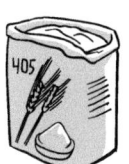

ሓርጭ
farinha

ክሮሶን
croissant

ባኒ
carcaça (pãozinho)

ባኒ
pão

ቶስት
torrada

ብሽኮቲ
biscoitos

ጠስሚ
manteiga

ርጎአ
requeijão

ፓስተ
bolo

እንቋቍሓ
ovo

ቅሉው እንቋቍሓ
ovo estrelado

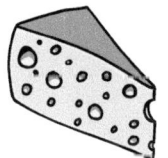

ፋርማጆ
queijo

አይስ ክሪም
....
gelado

ሽኩር
....
açúcar

መዓር
....
mel

ጆም
....
compota

ኑጋት-ክሪም
....
creme de nougat

ኩሪ
....
caril

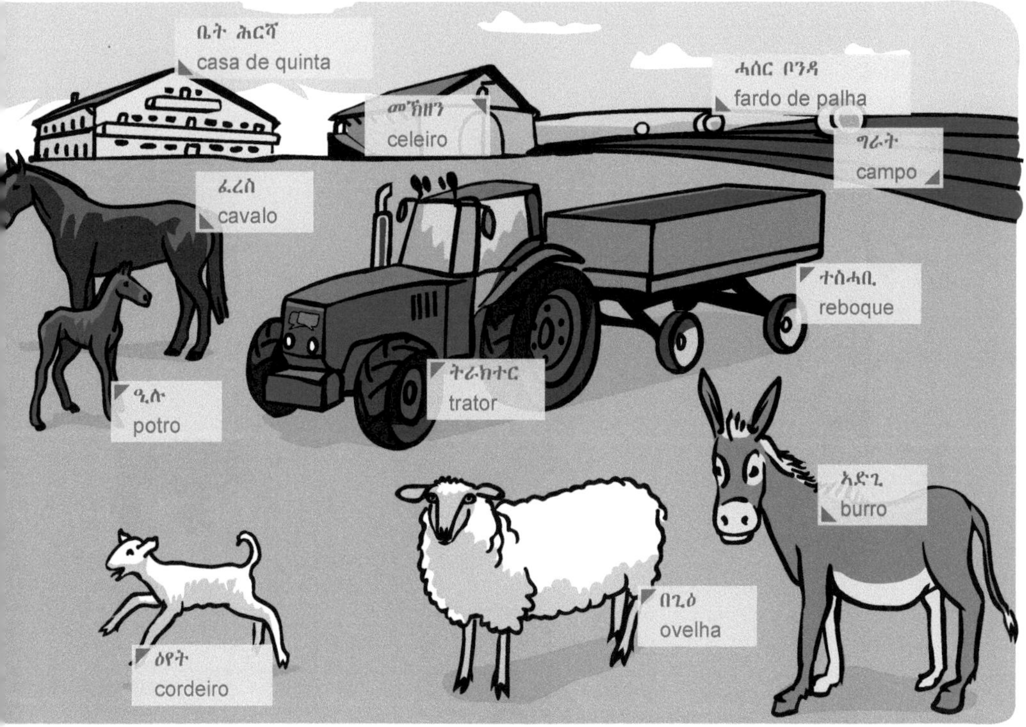

ቤት ሕርሻ
casa de quinta

ሓሰር ቦንዳ
fardo de palha

መኽዘን
celeiro

ግራት
campo

ፈረስ
cavalo

ተስሓቢ
reboque

ዒሉ
potro

ትራክተር
trator

አድጊ
burro

ዕየት
cordeiro

በጊዕ
ovelha

ጤል
cabra

ብዕራይ
vaca

ምራኽ
bezerro

ሓሰማ
porco

ውላድ ሓሰማ
leitão

ኣርሓ
touro

ዓዓ

....

ganso

ማይ ደርሆ

....

pato

ጫቑት

....

pintaínho

ደርሆ

....

galinha

ኣርሓ ደርሆ

....

galo

ኣንጨዋ ዓባይ

....

ratazana

ድሙ

....

gato

ኣንጭዋ

....

rato

ብዕራይ

....

boi

ከልቢ

....

cão

ኣጉዶ ከልቢ

....

casota

ቱባ ጆርዲን

....

mangueira de jardim

መዝፈፊ ማይ

....

regador

ዓቢ ማዕጺድ

....

foice

ማሕረሻ

....

arado

ማዕጺድ

foice

ጥዃሮ

enxada

መስአ

forquilha

ፋስ

machado

ዓረብያ ኢድ

carrinho de mão

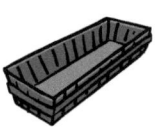

ጋብላ

manjedoura

ብርጭቆ ጸባ

jarro de leite

ክሻ

saco

ሓጹር

cerca

መንሰስ

estábulo

ቆጠልያ ገዛ

estufa

ባይታ

solo

ዘርኢ

scmcnto

ድኹዒ

fertilizante

ዘጣምር ቀውዓይ

ceifeira-debulhadora

ቀውጠ

colher

ጻማ

colheita

ድንሽ ያም

inhame

ስርናይ

trigo

ሶያ

soja

ድንሽ

batata

ዕፉን

milho

ራፕስ

colza

ገረብ ፍረታት

árvore de fruto

ማኒኦክ

mandioca

አእኻል

cereais

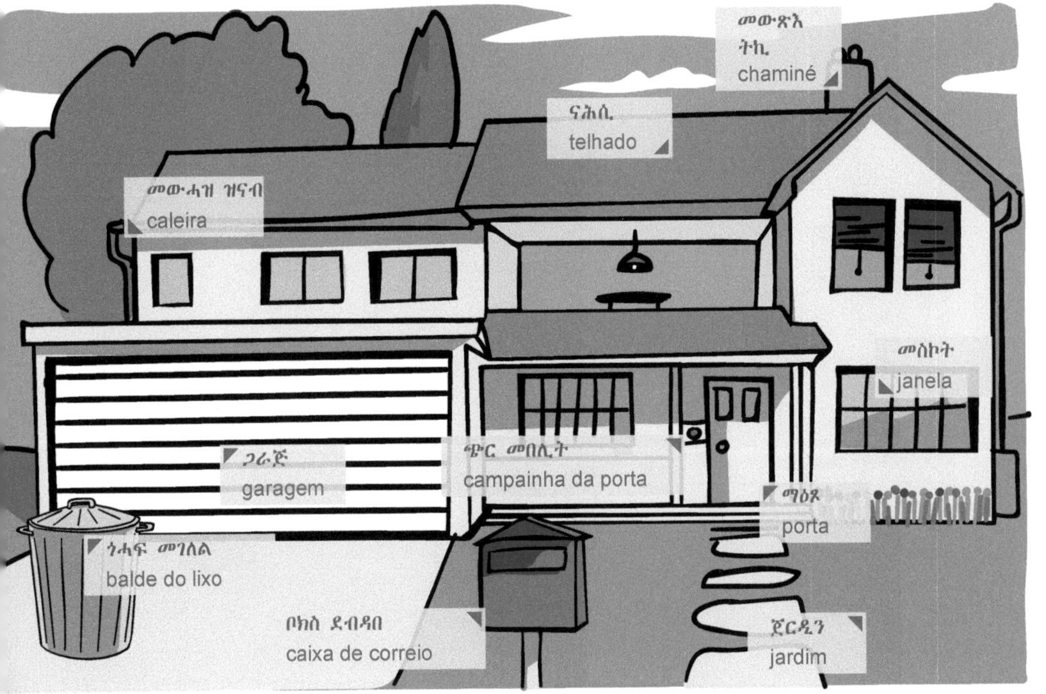

casa

መውጽእ ትኪ chaminé

ናሕሲ telhado

መውሓዝ ዝናብ caleira

መስኮት janela

ጋራጅ garagem

ጭር መበሊታ campainha da porta

ማዕጾ porta

ጐሓፍ መገለል balde do lixo

ቦክስ ደብዳበ caixa de correio

ጀርዲን jardim

ክፍሊ ምቕማጥ
sala de estar

ክፍሊ ባንዮ
casa de banho

ክሽን
cozinha

ክፍሊ መደቀሲ
quarto de dormir

ክፍሊ ቆልዓ
quarto de criança

መመገቢ ክፍሊ
sala de jantar

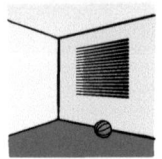

ባይታ
....
chão

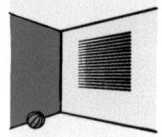

መንደቅ
....
parede

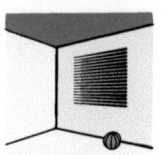

ከበርታ
....
teto

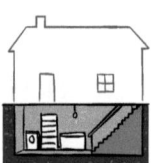

ካንቲና
....
cave

ሳውና
....
sauna

ባልኮን
....
varanda

ዛላ
....
terraço

መሕምበሲ
....
piscina

መቑረጺ ሳዕሪ
....
máquina de cortar relvado

ኣንሶላ ዓራት
....
lençol

ከበርታ ዓራት
....
cobertor

ዓራት
....
cama

መኹስተር
....
vassoura

መገለል
....
balde

መወልዒት
....
interruptor

ክፍሊ ምቕማጥ

sala de estar

ወረቐት መንደቕ
papel de parede
ስእሊ
imagem
ላምፓ
lâmpada
ከብሒ
prateleira
ከብሒ
armário
ተለቪዥን
televisão
መውጽኢ ትኪ ኣብ ገዛ
lareira
ዕንባባ
flor
መተርኣስ
almofada
ሳሎን
sofá
ባዞ
vaso
ሪሞት
controlo remoto

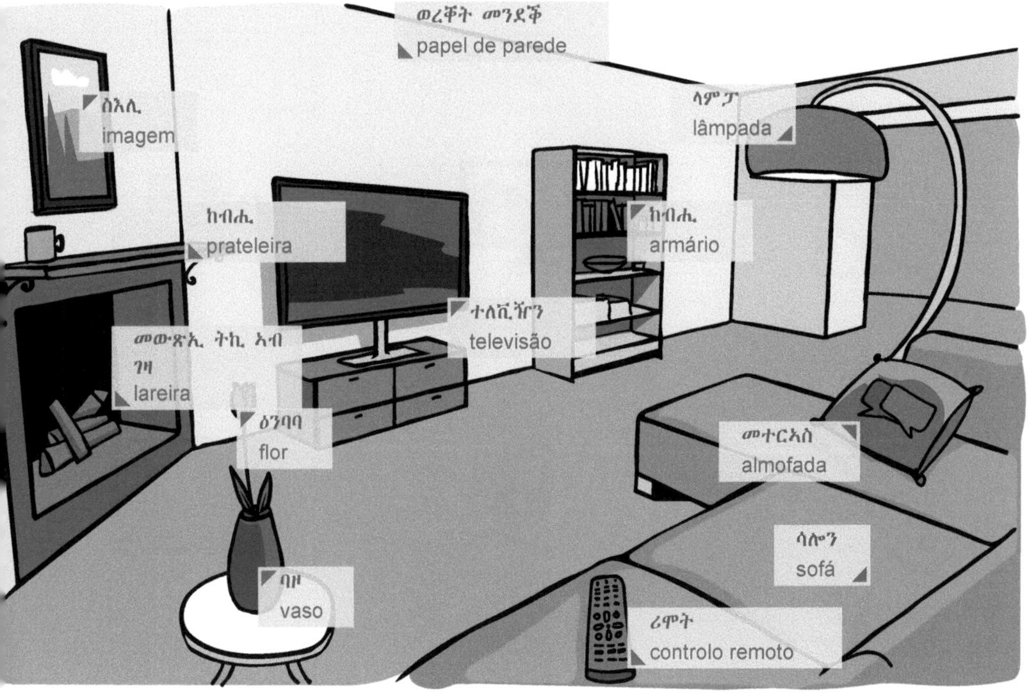

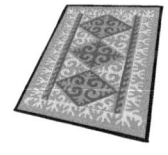

መንጸፍ
tapete

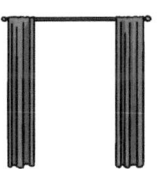

መጋረጃ
cortina

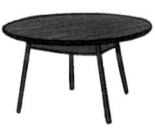

ጣውላ
mesa

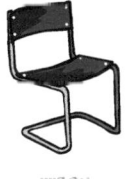

መንበር
cadeira

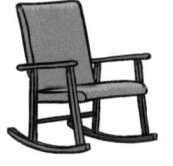

ሰለል ዝብል መንበር
cadeira de baloiço

መንበር ምቹእ
poltrona

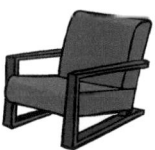

መጽሓፍ

livro

ከቦርታ

cobertor

ስልማት

decoração

እንጨይቲ ሓዊ

lenha

ፊልም

filme

ስተረዮ

sistema estéreo

መፍትሕ

chave

ጋዜጣ

jornal

ቅብኣ

pintura

ፖስተር

póster

ረድዮ

rádio

ጥራዝ

bloco de notas

መልገሲ ደሮና

aspirador

በለስ

cato

ሽምዓ

vela

ክሽነ
cozinha

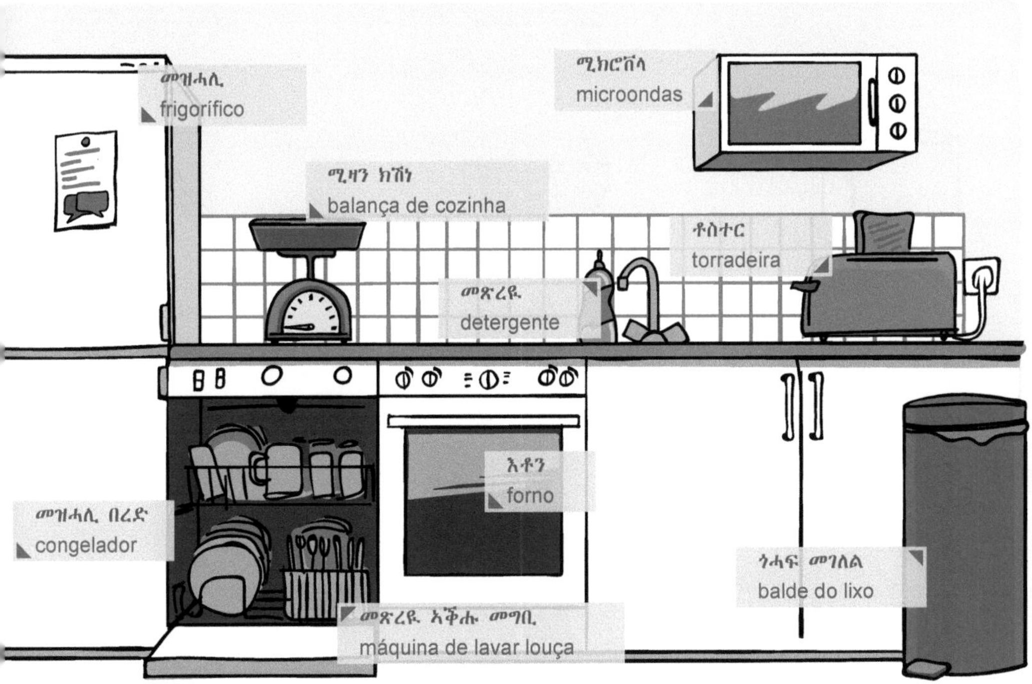

መዝሓሊ
frigorífico
ሚክሮቨላ
microondas
ሚዛን ክሽነ
balança de cozinha
ቶስተር
torradeira
መጽረዪ
detergente
እቶን
forno
መዝሓሊ በረድ
congelador
ጎሓፍ መገለል
balde do lixo
መጽረዪ ኣቕሑ መግቢ
máquina de lavar louça

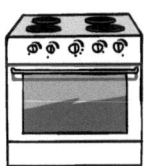

መኸሸኒ
....
fogão

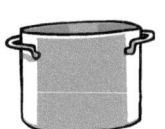

ድስቲ
....
panela

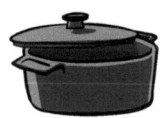

ድስቲ ሓጺን
....
panela de ferro

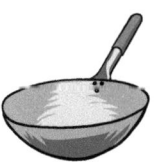

ቮክ/ካዳይ
....
wok / kadai

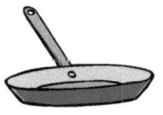

ባደላ
....
frigideira

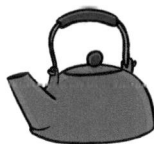

መውዓዪ ማይ
....
chaleira

መፍልሒ

panela a vapor

ጎንቴራ ምስንካት

tabuleiro de forno

ኣቕሑ መግቢ

louça

ብርጭቆ

caneca

ጎሓሎ

tigela

ማንካቺና

pauzinhos

ማንካ መረቕ

concha de sopa

መገልበጢ ባደላ

espátula

መኹስተር ውርጪ

batedor de claras

መንፈት መግቢ

escorredor

መንፈት

peneira

መፋሕፍሒ

ralador

ሞርታር

almofariz

ባርቢክዩ

churrasqueira

ስፍራ ሓዊ

lareira

እንጨይቲ ምምታር

tábua de cortar

እንጨይቲ ኩረር

rolo da massa

መኽፈት ቡሽ

saca-rolhas

ታኒካ

lata

መኽፈቲ ታኒካ

abridor de latas

ጨርቂ ድስቲ

luvas de forno

ቡምባ

lava-loiça

አስባስላ

escova

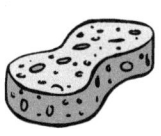

ሰፍነግ

esponja

ሓዋሲ አደባላቒ

liquidificador

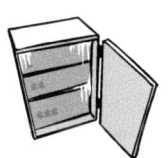

መዝሓሊ በረድ

arca frigorífica

ጥርሙዝ ማማይ

biberão

ቡምባ ማይ

torneira

ክፍሊ ባንዮ

casa de banho

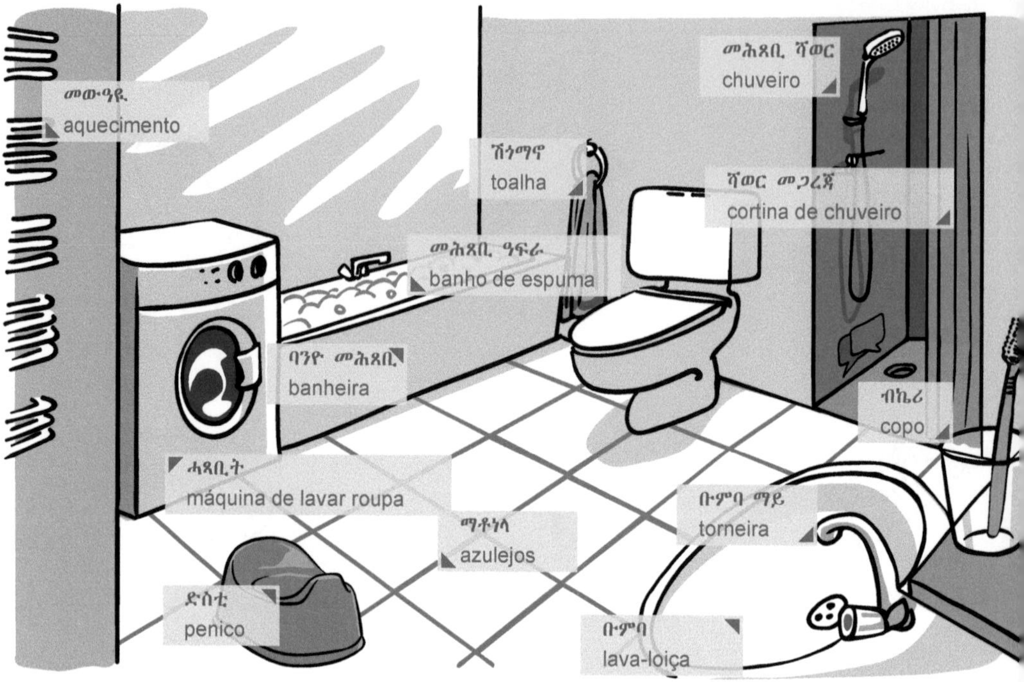
መውዓዪ
aquecimento
መሕጸቢ ሻወር
chuveiro
ሽጎማኖ
toalha
ሻወር መጋረጃ
cortina de chuveiro
መሕጸቢ ዓፍራ
banho de espuma
ባንዮ መሕጸቢ
banheira
ብኬሪ
copo
ሓጻቢት
máquina de lavar roupa
ቡምባ ማይ
torneira
ማቶነላ
azulejos
ድስቲ
penico
ቡምባ
lava-loiça

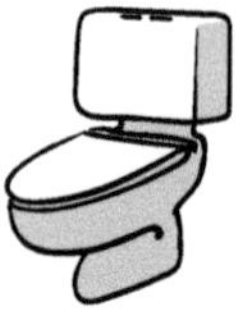

ሽቓቕ

sanita

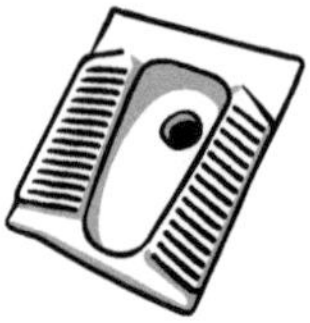

ሽቓቕ ኮፍ

retrete turca

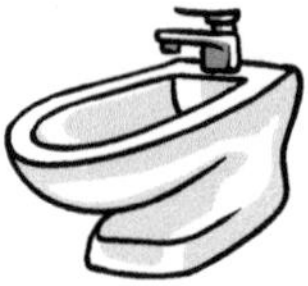

በዴ

bidé

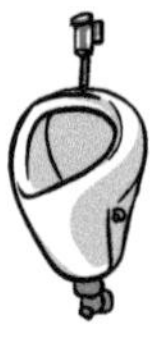

ሽቃቕ ተባዕታይ

urinol

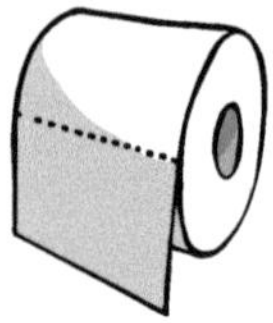

ወረቐት ሽቓቕ

papel higiénico

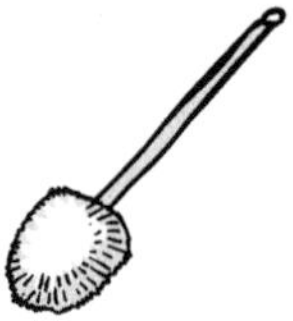

ኣስባስላ ሽቓቕ

piaçaba

አስባስላ ስኒ

escova de dentes

ክሬማ ስኒ

pasta de dentes

ሃሪ ስኒ

fio dentário

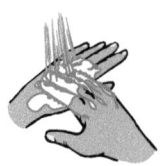

ሓጸበ

lavar

ዱሽ ኢ.ድ

chuveiro de mão

ዱሽ

duche íntimo

ብርጭቆ ምሕጸብ

bacia

አስባስላ ሕቖ

escova para as costas

ሳምና

sabonete

ሻወር ጀል

gel de banho

ሻምፑ

champô

ጨርቂ መሕጸቢ

toalha de rosto

መውሓዚ

escoamento

ክሬማ

creme

ደዮ ጨና

desodorizante

መስትያት

espelho

ናይ ኢድ መስትያት

espelho de mão

መላጸ

máquina de barbear

ዓፍራ ምልጻይ

creme de barbear

ጨና ድሕሪ ምልጻይ

loção pós-barba

መመሸጥ

pente

አስባስላ

escova

መንቆዲ ጸግሪ

secador de cabelo

ስፕረይ ጸግሪ

spray de cabelo

መመላኽዒ

maquilhagem

ብርዒ ቀለም ከንፈር

batom

አዝማልቶ

verniz de unhas

ጸምሪ ጡጥ

algodão

መስደዲ ጽፍሪ

tesoura para unhas

ጨና

perfume

ሳንጣ መሕጸቢ.

nécessaire

ድኳ

tamborete

ሚዛን

balança

ክዳን መሕጸቢ.

roupão de banho

ጓንቲ መጸረዪ.

luvas de borracha

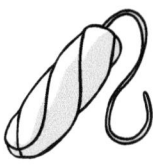

ታምፖን

tampão

ጨርቂ ሰበይቲ

penso higiénico

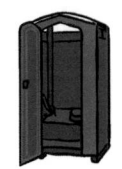

ሽቓቕ ከሚስትሪ

WC químico

ክፍሊ ቆልዑ
quarto de criança

ኣላርም መተስኢ
despertador
መጻወቲ እንስሳ
peluche
መጻወቲ መኪና
carro de brincar
ኳሕኳሕ
መበሊ
chocalho
ቤት ባምቡላ
casa de bonecas
ህያብ
presente

ባላንችና

balão

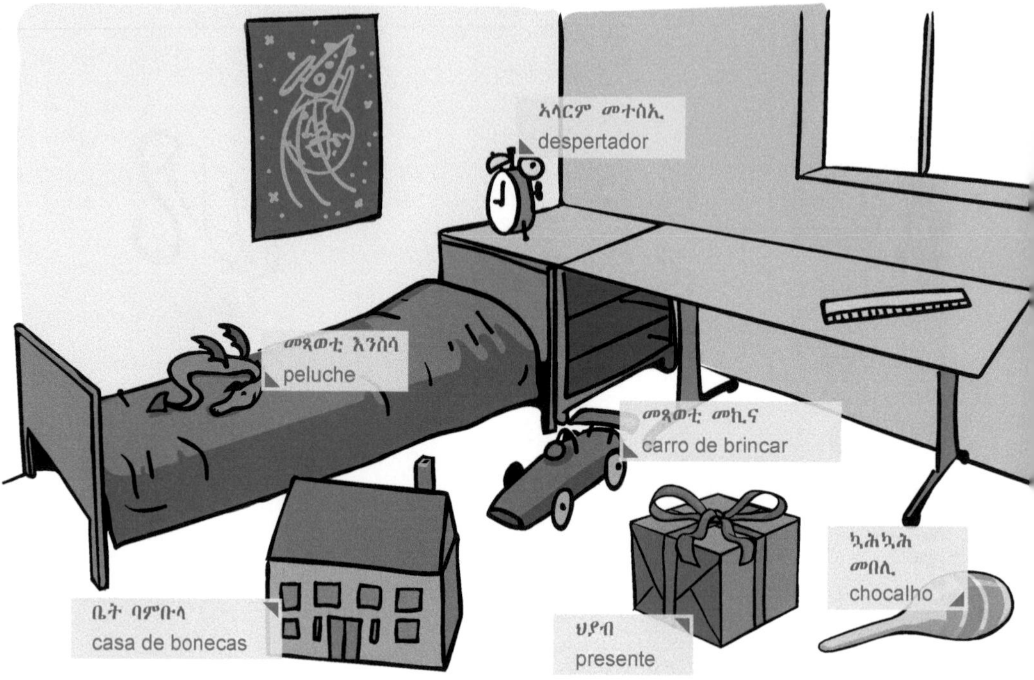

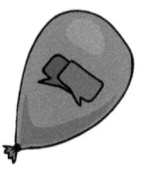

ዓራት

cama

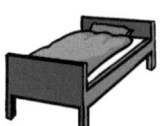

ሰረገላ ህጻን

carrinho de bebé

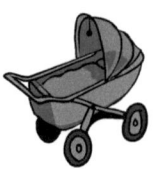

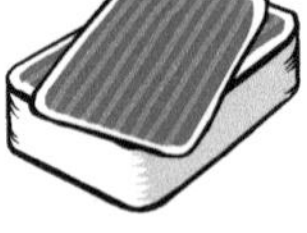

ጸወታ ካርታ

jogo de cartas

ሕንቅሊተይ

quebra-cabeças

ኮሜዲ

banda desenhada

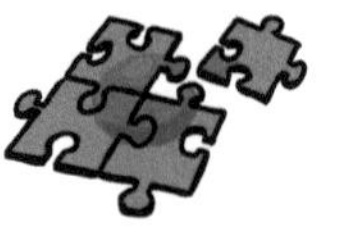

እምንታት መጸወቲ ለጎ

peças de Lego

መጸወቲ እምንታት

blocos de construção

በዓል አክቸን

figura de ação

ክዳን ማማይ

fato de bebé

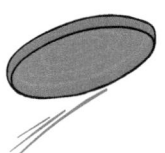

ፍሪስቢ

Frisbee

ሞባይል ማማይ

móbile para bebé

ጸወታ ሰሌዳ

jogo de tabuleiro

ኩቦ

dados

ሞደል ባቡር ምድሪ

pista de comboio elétrico

ዓባስ

chupeta

ፓርቲ

festa

መጽሓፍ ስእሊ

livro ilustrado

ኩዕሶ

bola

ባምቡላ

boneca

ተጻወተ

jogar

መጻወቲ ሓጺ

caixa de areia

ሰላል

baloiço

መጻወቲታት

brinquedos

ኮንሶል ቪድዮ

consola de jogos

መጻወቲ ሰለስተ መንኮርኮር

triciclo

ተዲ

ursinho de peluche

ከብሒ ክዳን

guarda-roupa

ክዳን

vestuário

ካልስታት

meias

ነዊሕ ካልስታት

meias pelo joelho

ስረ ካልሲ

meias-calças

ሻርበ
cachecol

ጽላል
guarda-chuva

ማልያ
t-shirt

ቁልፊ
cinto

ረፋዕ
botas

ጫማ ገዛ
chinelos

ስኒከርስ
sapatilhas

ሻበጥ
....
sandálias

ጫማ
....
sapatos

ረፋዕ ጎማ
....
botas de borracha

ሙታንታ
....
cuecas

ክዳን ጡብ
....
sutiã

ትሕተ ካሚቻ
....
camisola interior

ቦዲ
body

ስረ
calças

ጂንስ
calças de ganga

ቀምሽ
saia

ካምቻ
blusa

ካሚቻ
camisa

ጉልፎ
pulôver

ጎልፎ
camisola com capuz

ጃኬት
blazer

ጃከት
casaco

ጆባ
manto

ክዳን ዝናብ
gabardina

ኮስቱም
traje

ቀምሽ
vestido

ቀምሽ መርዓ
vestido de casamento

ልብሲ.

fato

ካሚቻ ለይቲ

camisa de dormir

ክዳን ለይቲ

pijama

ሳሪ

sari

መሃረብ ርእሲ.

lenço de cabeça

ቱርባን

turbante

ቡርካ

burca

ካፍታን

cafetã

አባያ

abaya

ክዳን መሕምበሲ.

fato de banho

ስሪ መሕምበሲ.

calções de banho

ሓጺር ስሪ

calções

ክዳን ታዕሊም

fato do treino

በጀ ክዳን

avental

ጓንቲ

luvas

መልጎም
....
botão

መነጽር
....
óculos

በንናጅር
....
pulseira

ማዕተብ
....
colar

ቀለበት
....
anel

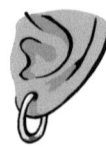

ኩትሻ
....
brinco

ቆብዕ
....
boné

መንበሪ ጁባ
....
cabide

ባርኔጣ
....
chapéu

ካራሻት
....
gravata

ሻርኔጣ
....
fecho de correr

ሀልመት
....
capacete

መድልደል ስረ
....
suspensórios

ድቢዛ ቤትትምህርቲ
....
uniforme escolar

ድቢዛ
....
uniforme

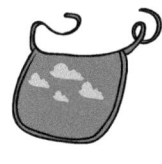

ሰደርያ ቆልዓ

babete

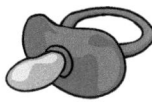

ዓባስ

chupeta

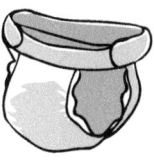

ጨርቂ ማማይ

fralda

ቤት ጽሕፈት

escritório

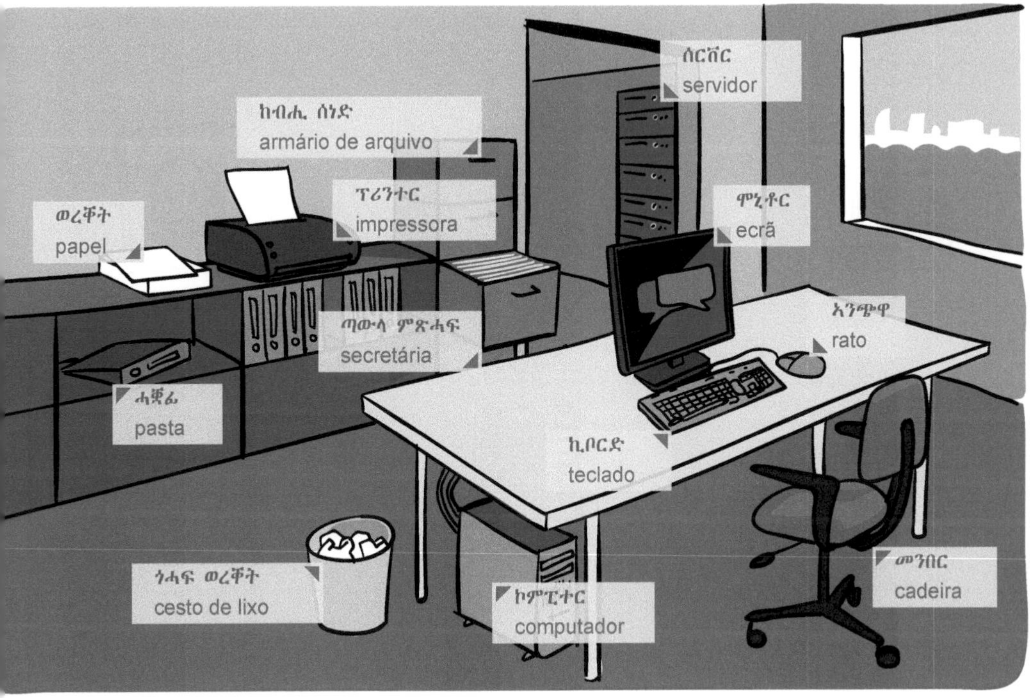
ሰርቨር
servidor
ከብሒ ሰነድ
armário de arquivo
ፕሪንተር
impressora
ወረቐት
papel
ሞኒቶር
ecrã
ኣንጭዋ
rato
ጣውላ ምጽሓፍ
secretária
ሓቓፊ
pasta
ኪቦርድ
teclado
ጎሓፍ ወረቐት
cesto de lixo
ኮምፒተር
computador
መንበር
cadeira

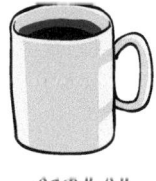

ብርጭቆ ቡን

caneca de café

ካልኩሌተር

calculadora

ኢንተርነት

internet

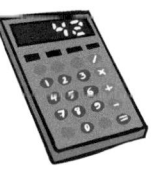

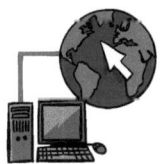

ለፕቶፕ

computador portátil

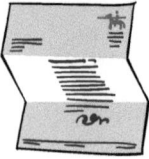

ደብዳበ

carta

መልእኽቲ

mensagem

ሞባይል

telemóvel

ነትወርክ/መርበብ

rede

መቅድሒ ፎቶኮፒ

fotocopiadora

ሶፍትዌር

software

ተለፎን

telefone

ሶከት ኢረንቲ

tomada elétrica

ፋክስ

fax

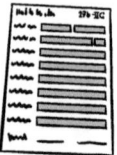

ፎርም

formulário

ሰነድ

documento

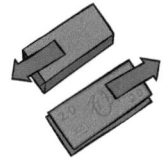

ገዝአ

comprar

ከፈለ

pagar

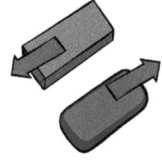

ንግዲ

negociar

ገንዘብ

dinheiro

ዶላር

dólar

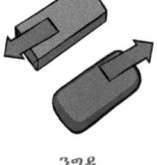

አይሮ

euro

የን

yen

ሩብል

rublo

ስዊዝ ፍራንክን

franco suíço

ረንሚንቢ ዩዋን

renminbi yuan

ሩፕየ

rupia

መውጽኢ ማሽን ገንዘብ

caixa de multibanco

በታ ቅያር ገንዘብ

casa de câmbio

ወርቂ

ouro

ብሩር

prata

ዘይቲ

petróleo

ሓይሊ

energia

ዋጋ

preço

ውዕል

contrato

ቀረጽ

imposto

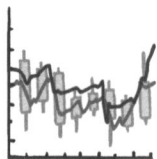

እኩብ ጥሪ-ነገራት

ação

ሰርሐ

trabalhar

ሰራሕተኛ

empregado

አስራሒ

entidade patronal

ትካል

fábrica

ዱኳን

loja

ሞያታት

profissões

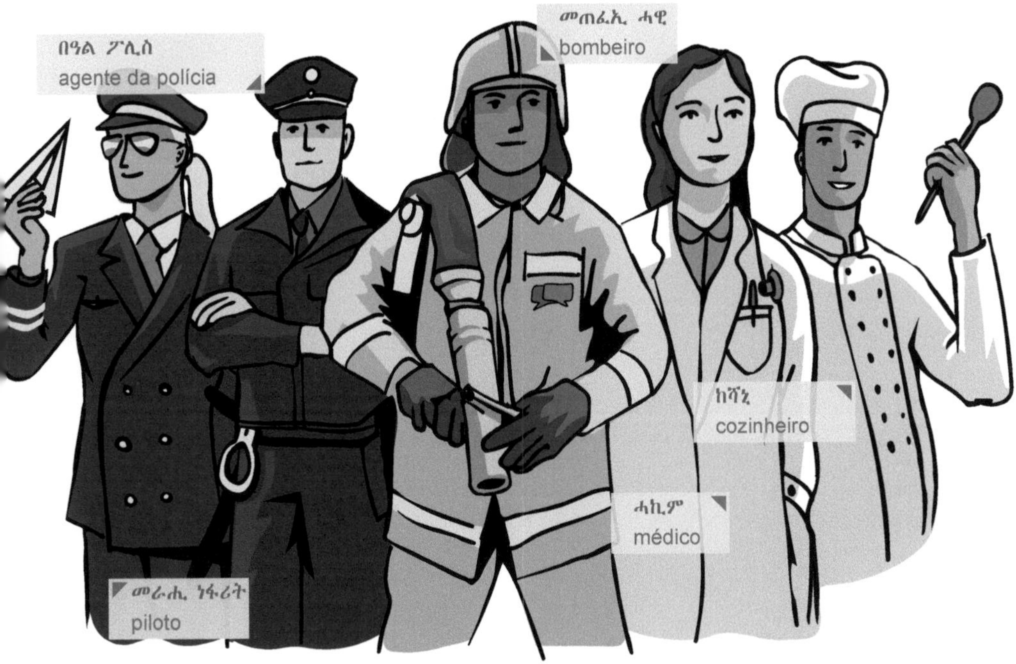

በዓል ፖሊስ
agente da polícia
መጠፊኢ ሓዊ
bombeiro
ከሻኒ
cozinheiro
ሓኪም
médico
መራሒ ነፋሪት
piloto

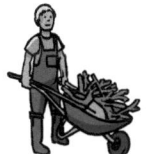

ሰራሕተኛ ጀርዲን

jardineiro

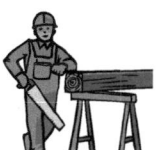

ጸራቢ ዕንጸይቲ

carpinteiro

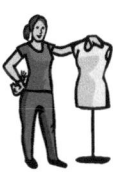

ሰፋይት

costureira

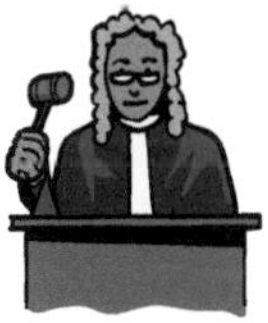

ፈራዳይ

juiz

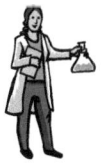

ቀማሚ

químico

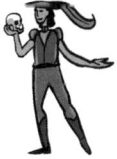

ተዋሳኢ

ator

መራሒ አዉቶቡስ

motorista de autocarro

አዉቲስታ ታክሲ

motorista de táxi

ገፋሪ ዓሳ

pescador

ጸራጊት

empregada de limpeza

ሃናጺ ናሕሲ

telhador

አሰላሪ

empregado de mesa

ሃዳናይ

caçador

ሰኣላይ

pintor

እንዳ ሕብስቲ

padeiro

ኤለትሪከኛ

eletricista

ሃናጺ አባይቲ

construtor

ሃንዳሲ

engenheiro

ሰራሕተኛ እንዳ ስጋ

talhante

ድራብሊኮ

canalizador

አማላሳሊ ፖስጣ

carteiro

ወታሃደር

soldado

መሃንድስ

arquiteto

ተሓዝ ገንዘብ

caixa

ሰራሕተኛ ዕምባባ

florista

ቀምቃማይ

cabeleireiro

ፌተሪኖ

controlador de bilhetes

መካኒክ

mecânico

መራሒ መርከብ

capitão

ሓኪም ስኒ

dentista

ተመራማሪ

cientista

ራቢ

rabino

ኢማም

imã

ፈላሲ

monge

ቀሺ

pastor

ናውቲ

ferramentas

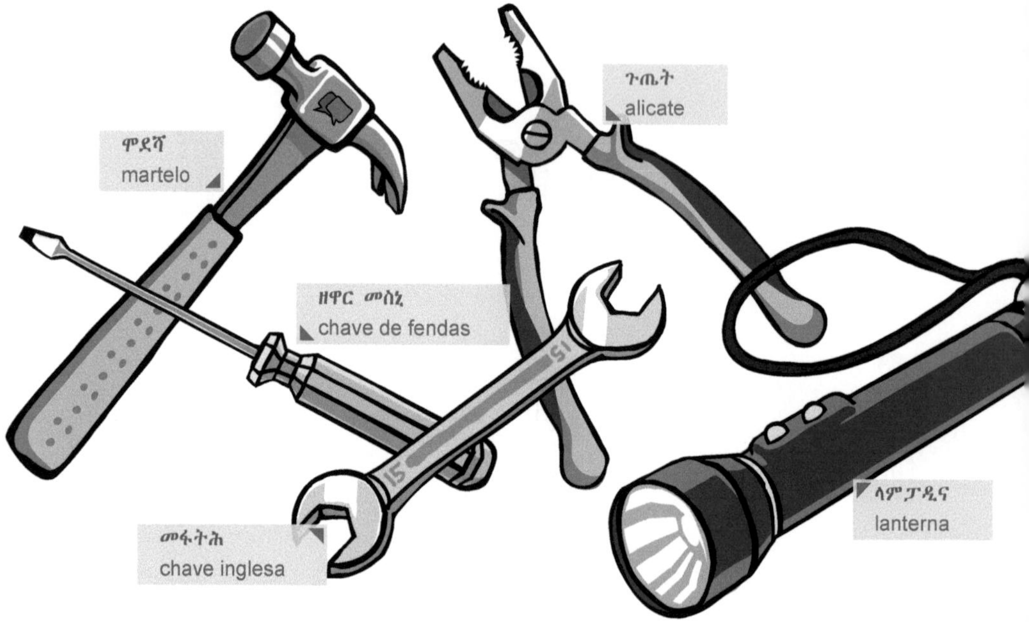
ሞደሻ
martelo
ጉጠት
alicate
ዘዋር መስኒ
chave de fendas
ላምፓዲና
lanterna
መፍትሕ
chave inglesa

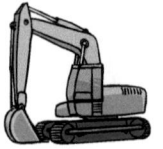

ፈሓሪ

escavadora

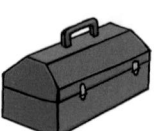

ናውቲ ቦክስ

caixa de ferramentas

መደያይቦ

escadote

መጋዝ

serra

መስማር

pregos

ኰዓቲ

broca

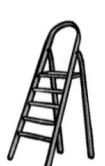

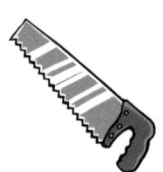

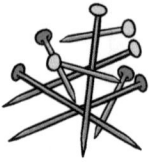

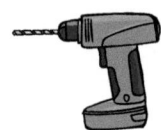

ምዕራይ
....
reparar

ባዶላ
....
pá

አይ!
....
porcaria!

መትሓዚ ዶሮና
....
pá de lixo

ድስቲ ቀለም
....
pote de tinta

ካቻቢተ
....
parafusos

መሳርሒ ሙዚቃ
instrumentos musicais

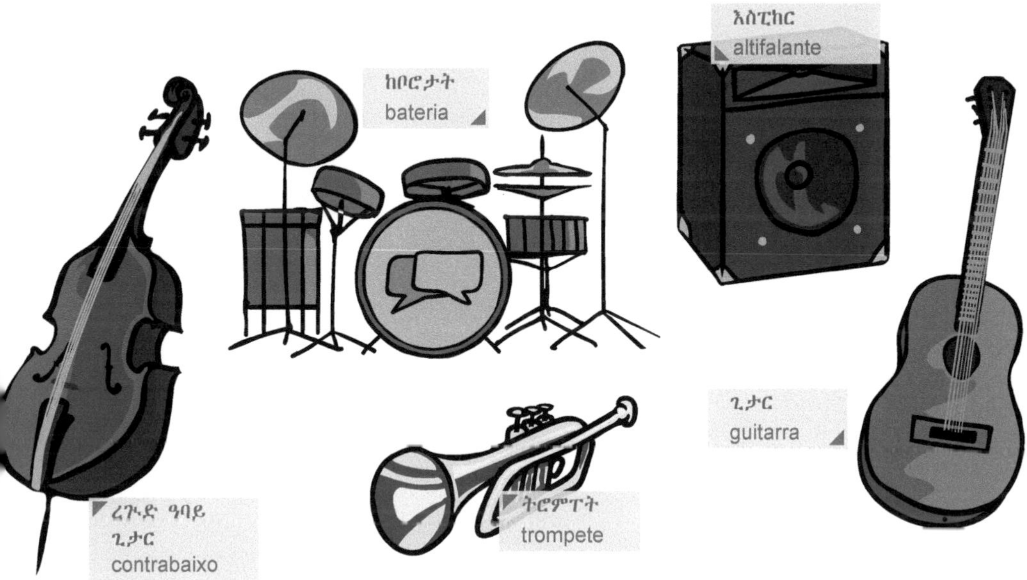

ከበሮታት
bateria

እስፒከር
altifalante

ጊታር
guitarra

ረጉድ ዓባይ
ጊታር
contrabaixo

ትሮምፐት
trompete

ፒያኖ

piano

ቪዮሊን

violino

ባስ ጊታር

baixo

ቲምንኢ

timbales

ከበሮ

tambor

ኦርጋን

teclado

ሳክሶፎን

saxofone

ሻምብቆ

flauta

ሚክሮፎን

microfone

jardim zoológico

ZOO

መእተዊ
entrada

ነብሪ
tigre

ጎብያ
gaiola

አድጊ በረኻ
zebra

መግቢ እንስሳ
ração animal

ፓንዳ
panda

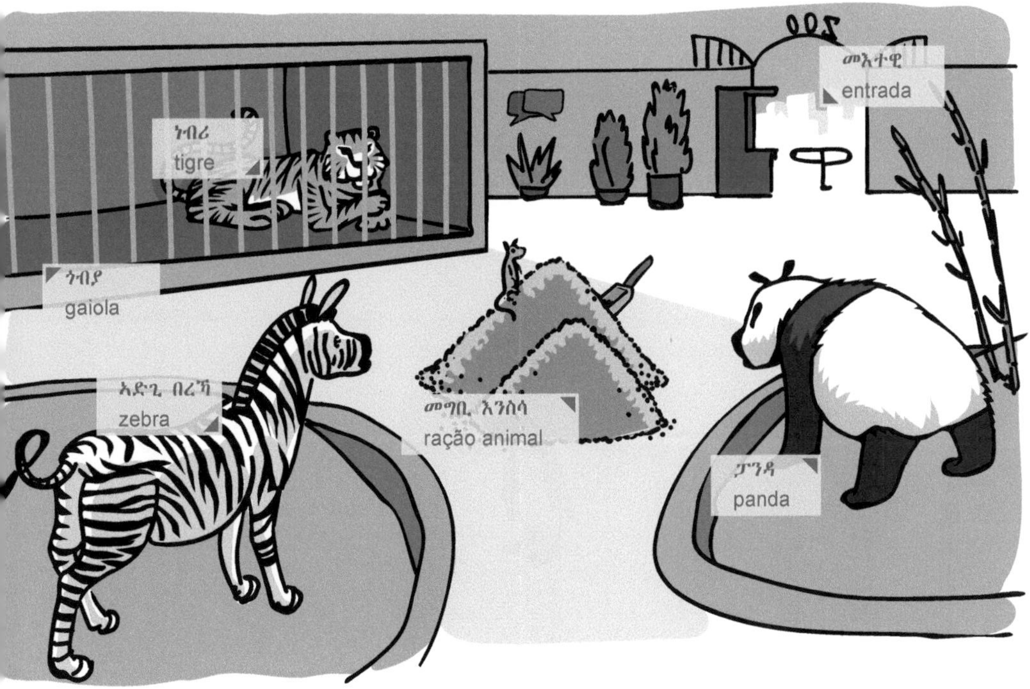

እንስሳታት

animais

ሓርማዝ

elefante

ካንጋሩ

canguru

ሓሪሽ

rinoceronte

ጉሪላ

gorila

ድቢ

urso

ገመል

camelo

ሰገን

avestruz

አንበሳ

leão

ህበይ

macaco

ፍላሚንጎ

flamingo

ሕንጻይ

papagaio

ድቢ በረድ

urso polar

ፐንጉን

pinguim

ክልቢ ዓሳ

tubarão

ጣውስ

pavão

ተመን

cobra

ሓርገጽ

crocodilo

ሓላዊ ቤት ገርድሽ

guarda do jardim zoológico

ዓሳ ዚምገብ እንስሳ ባሕሪ

foca

ጃጓር

jaguar

ሓጺር ፈረስ

pónei

ነብሪ

leopardo

ጉማሬ

hipopótamo

ጀራፍ

girafa

ሊላ

águia

መፍለስ

javali

ዓሳ

peixe

ጎብየ

tartaruga

ዋልሩስ

morsa

ወኻርያ

raposa

ሰስሓ

gazela

desporto

ናይ አሜሪካ ኩዕሶ እግሪ
futebol americano

ምዝዋር ብሽግለታ
ciclismo

ተኒስ
ténis

ባስከትባል
basquetebol

ምሕምባስ
natação

ቦክሲንግ
boxe

ሆኪ በረድ
hóquei no gelo

ኩዕሶ እግሪ
....
futebol

ባድሚንቶን
....
badminton

እስፖርታዊ ንጥፈታት
....
atletismo

ኩዕሶ ኢድ
....
andebol

ስኪ
....
esqui

ፖሎ
....
polo

ሰሓቐ
rir

ነጠረ
saltar

ሓቘፈ
abraçar

ደረፈ
cantar

ክደ
andar

ሓለመ
sonhar

ጸለየ
rezar

ሰዓመ
beijar

ጸሓፈ

escrever

ሰኣለ

desenhar

ኣርኣየ

mostrar

ደፍአ

empurrar

ሃበ

dar

ወሰደ

tomar

አለወ
ter

ገበረ
fazer

ኮነ
ser

ጠጠው በለ
ficar de pé

ጎየየ
correr

ሰሓበ
puxar

ሰንደወ
remessar

ወደቐ
cair

ሓሰወ
deitar

ተጸበየ
esperar

ሰከም
carregar

ኮፍ በለ
sentar

ተኸድነ
vestir

ደቀሰ
dormir

ተስአ
acordar

ረኣየ

olhar para

በኸየ

chorar

ብኣጻብዑ ደረዘ

acariciar

መሸጠ

pentear

ተዛረበ

falar

ተረድአ

compreender

ሓተተ

perguntar

ሰምዐ

ouvir

ሰተየ

beber

በልዐ

comer

አቐመጠ

arrumar

አፍቀረ

amar

ከሸነ

cozinhar

ዘወረ

conduzir

ነፈረ

vɒɑr

ብመርከብ ገየሽ

velejar

ደመረ

calcular

አንበበ

ler

ተመሃረ

aprender

ሰርሐ

trabalhar

መርዓወ

casar

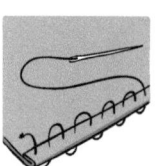

ሰፈየ

costurar

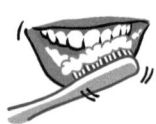

ጽሬት አስናን

escovar os dentes

ቀተለ

matar

ሽጋራ ተከሽ

fumar

ሰደደ

enviar

ስድራቤት
família

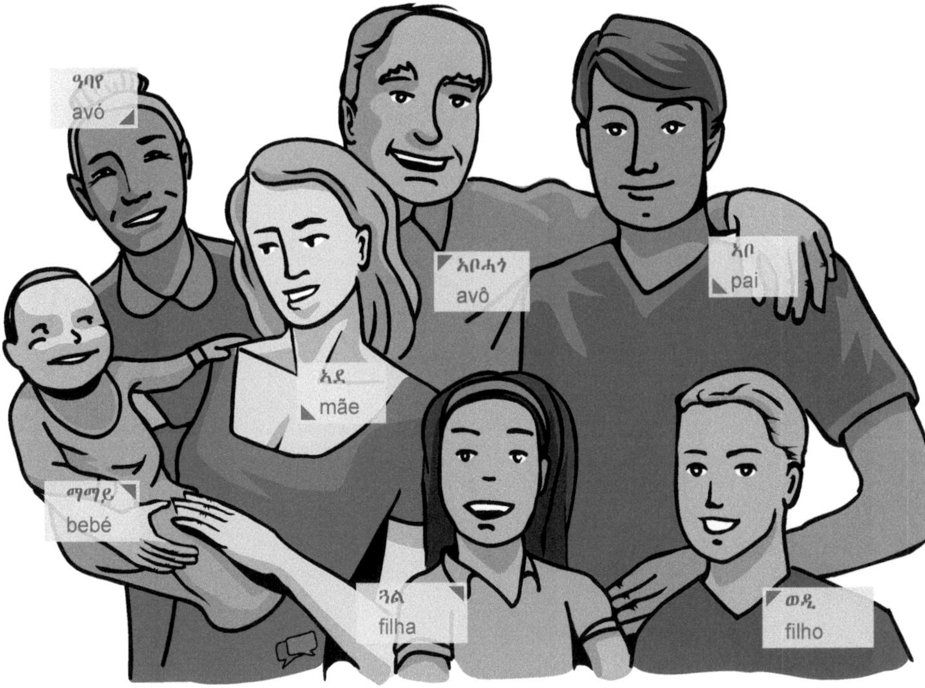

ዓባየ
avó
ኣቦሓጎ
avô
ኣቦ
pai
ኣደ
mãe
ማማይ
bebé
ጓል
filha
ወዲ
filho

ጋሻ
....
convidado

ሓትኖ
....
tia

ኣኮ
....
tio

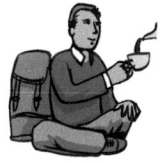

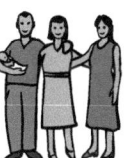

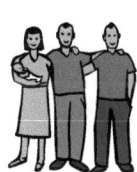

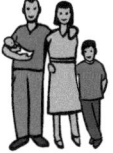

ሓው
....
irmão

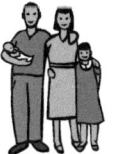

ሓፍቲ
....
irmã

ኣካላት

corpo

ግንባር
testa
ዓይኒ
olho
መንኩብ
ombro
ኣጻብዕ
dedo
ገጽ
cara
መንከስ
queixo
ኢድ
mão
ሽፋን እግሪ
perna
ኣፍ-ልቢ
peito
ምናት
braço

ማማይ
bebé

ሰብኣይ
homem

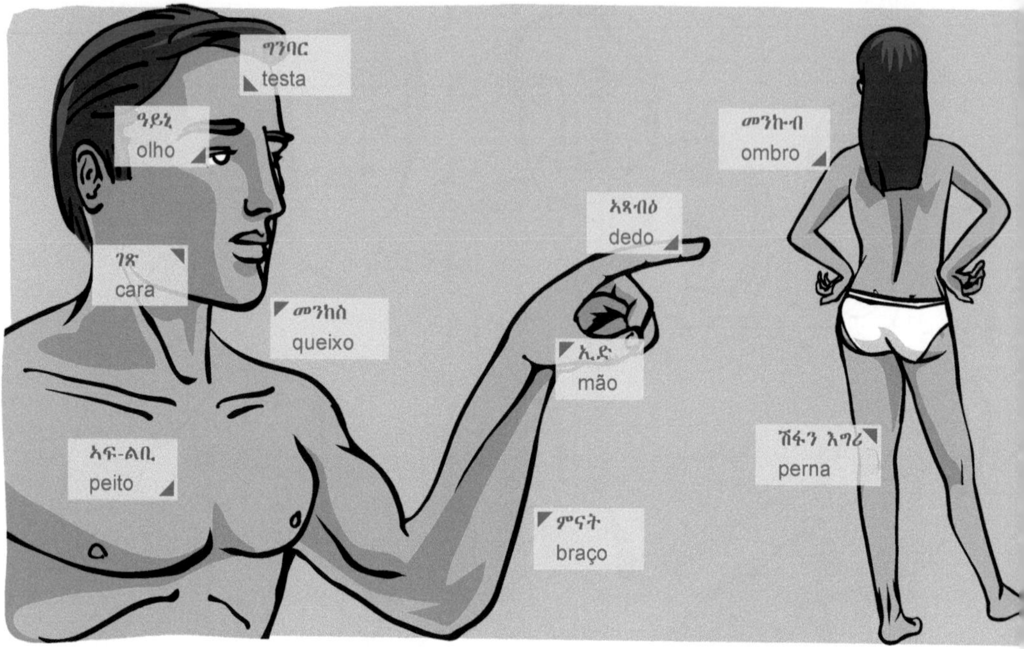

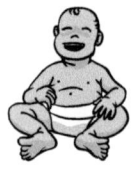

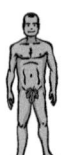

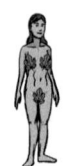

ሰበይቲ
mulher

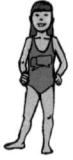

ጓል
menina

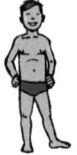

ወዲ
menino

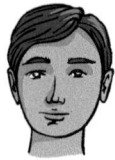

ርእሲ
cabeça

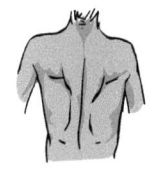

ሕቖ

costas

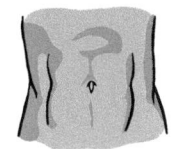

ከስዐ

barriga

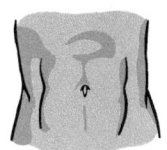

ሕምብርቲ

umbigo

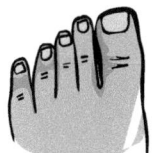

ኣጻብዕ እግሪ

dedo do pé

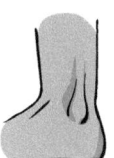

ኩርኹሪ

calcanhar

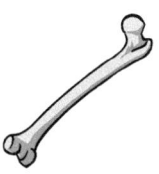

ዓጽሚ

osso

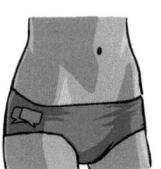

ምሕኩልቲ

anca

ብርኪ

joelho

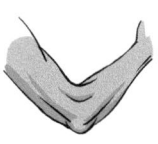

ፍግፍጕ

cotovelo

ኣፍንጫ

nariz

መዓኮር

nádegas

ቆርበት

pele

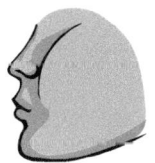

ምዕጉርቲ

bochecha

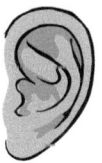

እዝኒ

orelha

ከንፈር

lábio

አፍ

boca

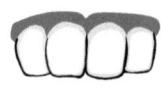

ስኒ

dente

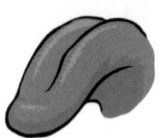

መልሓስ

língua

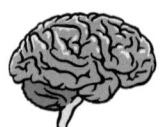

ሓንጎል

cérebro

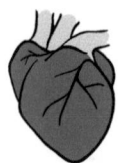

ልቢ

coração

ጭዋዳ

músculo

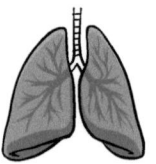

ሳንቡእ

pulmão

ጸላም ከብዲ

fígado

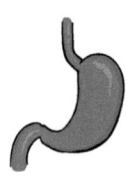

ከብዲ

estômago

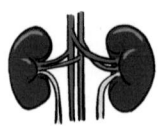

ኮሊት

rins

ግብረ ስጋ

relações sexuais

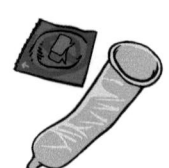

ኮንዶም

preservativo

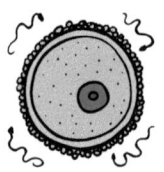

እንቋቍሓ

óvulo

ዘርኢ ተባዕታይ

esperma

ጥንሲ

gravidez

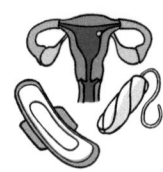

ጽግያት
menstruação

ርሕሚ
vagina

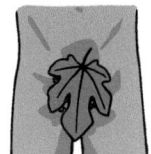

መትሎ
pénis

ሽፋሽፍቲ
sobrancelha

ጸጉሪ
cabelo

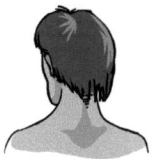

ክሳድ
pescoço

ሆስፒታል
hospital

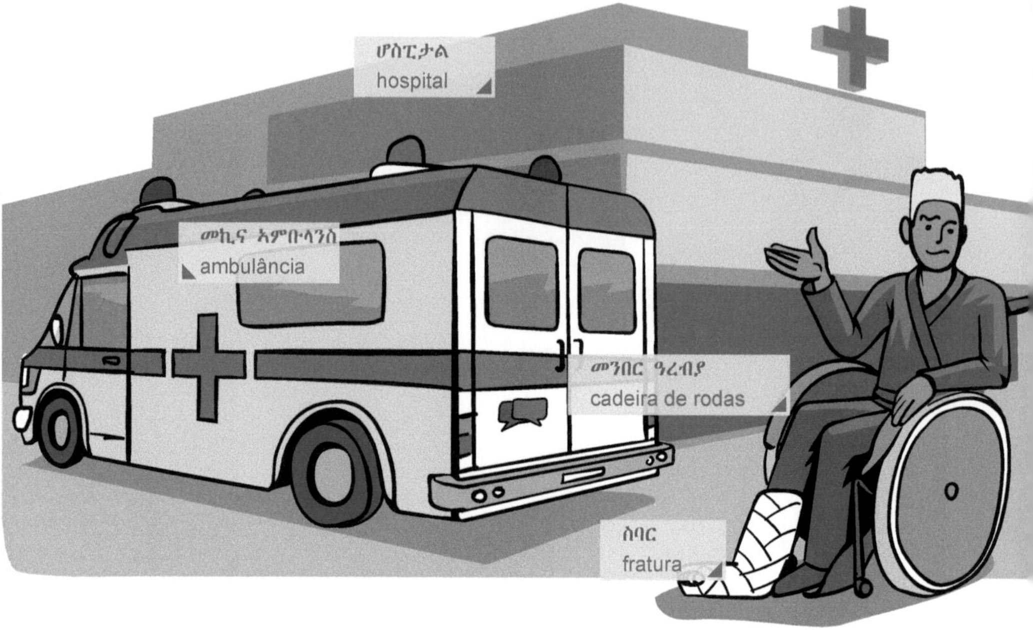

ሆስፒታል
hospital
መኪና ኣምቡላንስ
ambulância
መንበር ዓረብያ
cadeira de rodas
ስባር
fratura

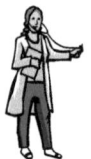

ሓኪም

médico

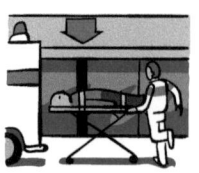

ክፍሊ ህጹጽ ረድኤት

serviço de urgências

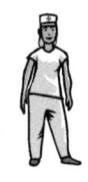

ኣላይት

enfermeira

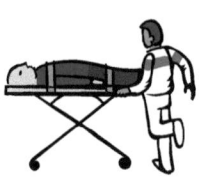

ህጹጽ ኩነት

emergência

ውነኡ ዘጥፍአ

inconsciente

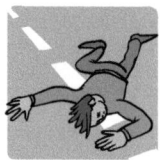

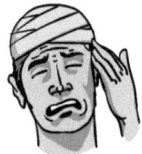

ቃንዛ

dor

ጉድኣት

ferimento

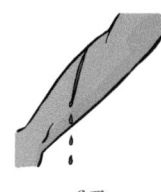

ደም

hemorragia

ማህረምቲ

ataque cardíaco

ማህረምቲ

acidente vascular cerebral

ኣለርጂ

alergia

ሰዓል

tosse

ረስኒ

febre

ኡንፍልወንዛ

gripe

ውጽኣት

diarreia

ቃንዛ ርእሲ

dor de cabeça

መንሽሮ

cancro

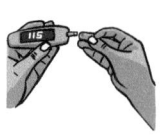

ሹኮርያ

diabetes

ሓኪም መጥባሕቲ

cirurgião

መጥብሒ

bisturi

መጥባሕቲ

operação

CT
CT

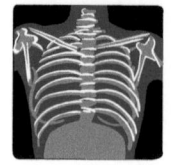

ራጂ
raio x

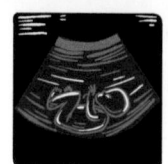

ልዕለ ድምጻዊ
ultrassom

መሸፈኒ ገጽ
máscara

ሕማም
doença

ክፍሊ ምጽባይ
sala de espera

ምርኩስ
muleta

መጆነኒ ቔስሊ
penso rápido

መጆነኒ
ligadura

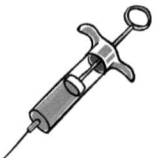

መርፍዕ ምውጋእ
injeção

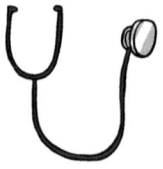

ስተቶስኮፕ
estetoscópio

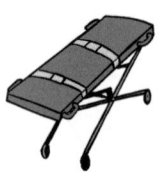

መሰከሚ ሕማም
maca

ቴርሞመተር
termómetro

ትውልዲ
nascimento

ልዕለ-ሚዛን
excesso de peso

ሓገዝ ምስማዕ

aparelho auditivo

ኣንጻሂ

desinfetante

ልበዳ

infeção

ቫይረስ

vírus

ኤድስ

HIV / SIDA

ሕክምና

medicamento

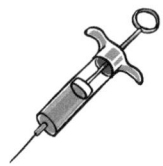

ክታበ

vacinação

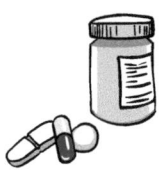

ኪኒና

comprimidos

ኪኒና

pílula

ህጹጽ ምድዋል

chamada de emergência

መዕቀኒ ጸቕጢ ደም

dispositivo de medição de
pressão arterial

ሕሙም / ጥዑይ

doente / saudável

ሓገዝ

Socorro!

ኣላርም

alarme

ምህጻም

assalto

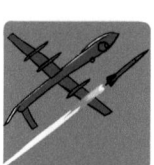

መጥቃዕቲ

ataque

ድንገት

perigo

ህጹጽ መውጽኢ

saída de emergência

ሓዊ!

Fogo!

መጥፍኢ ሓዊ

extintor de incêndios

ሓደጋ

acidente

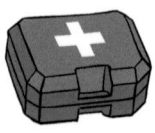

ሳንጣ ቀዳማይ ረድኤት

estojo de primeiros socorros

SOS

SOS

ፖሊስ

polícia

ኤውሮጳ

Europa

ሰሜን አመሪካ

América do Norte

ደቡብ አመሪካ

América do Sul

አፍሪቃ

África

ኤስያ

Ásia

አውስትራልያ

Austrália

አትላንቲክ

Atlântico

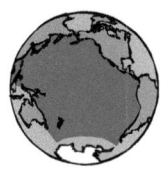

ፓሲፊክ

Pacífico

ህንዳዊ ዉቅያኖስ

Oceano Índico

አንታርቲካዊ ዉቅያኖስ

Oceano Antártico

አርክቲካዊ ዉቅያኖስ

Oceano Ártico

ሰሜናዊ ዋልታ

Polo Norte

ደቡባዊ ዋልታ
....
Polo Sul

አንታርቲካ
....
Antártica

ምድሪ
....
terra

መሬት
....
país

ባሕሪ
....
mar

ደሴት
....
ilha

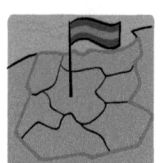

ሃገር
....
nação

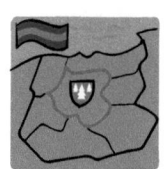

ዓዲ
....
estado

ገጽ ሰዓት

mostrador do relógio

አመልካቲ ሰዓታት

ponteiro das horas

አመልካቲ ደቓይቕ

ponteiro dos minutos

አመልካቲ ካልኢት

ponteiro dos segundos

ሰዓት ክንደይ ኣሎ?

Que horas são?

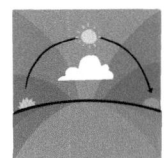

መዓልቲ

dia

ግዜ

tempo

ሕጂ

agora

ዲጂታል ሰዓት

relógio digital

ደቓይቕ

minuto

ሰዓት

hora

ሰኑይ
segunda-feira

MO

W ረቡዕ
quarta-feira

TU

ዓርቢ
sexta-feira

TH ቀዳም
sábado

FR

SA

ሰሉስ
quinta-feira

ሓሙስ
quinta-feira

SO

★ ▼ ሰንበት
domingo

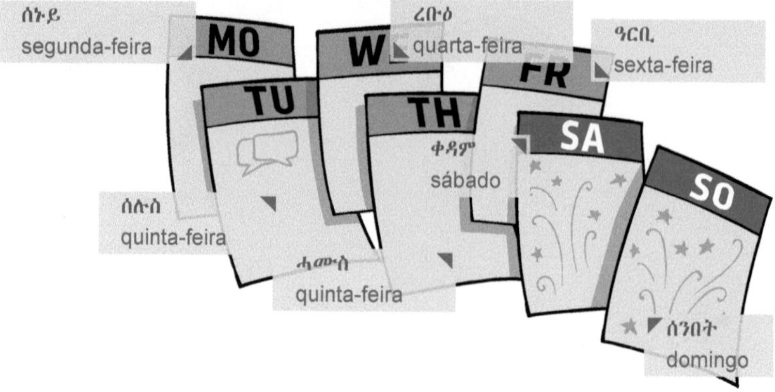

ትማሊ
....
ontem

ሎሚ
....
hoje

ጽባሕ
....
amanhã

ንጉሆ
....
manhã

ቀትሪ
....
meio-dia

ምሸት
....
entardecer

MO	TU	WE	TH	FR	SA	SU
1	2	3	4	5	6	7
8	9	10	11	12	13	14
15	16	17	18	19	20	21
22	23	24	25	26	27	28
29	30	31	1	2	3	4

MO	TU	WE	TH	FR	SA	SU
1	2	3	4	5	6	7
8	9	10	11	12	13	14
15	16	17	18	19	20	21
22	23	24	25	26	27	28
29	30	31	1	2	3	4

መዓልታት ስራሕ
....
dias úteis

መወዳእታ ሰሙን
....
fim de semana

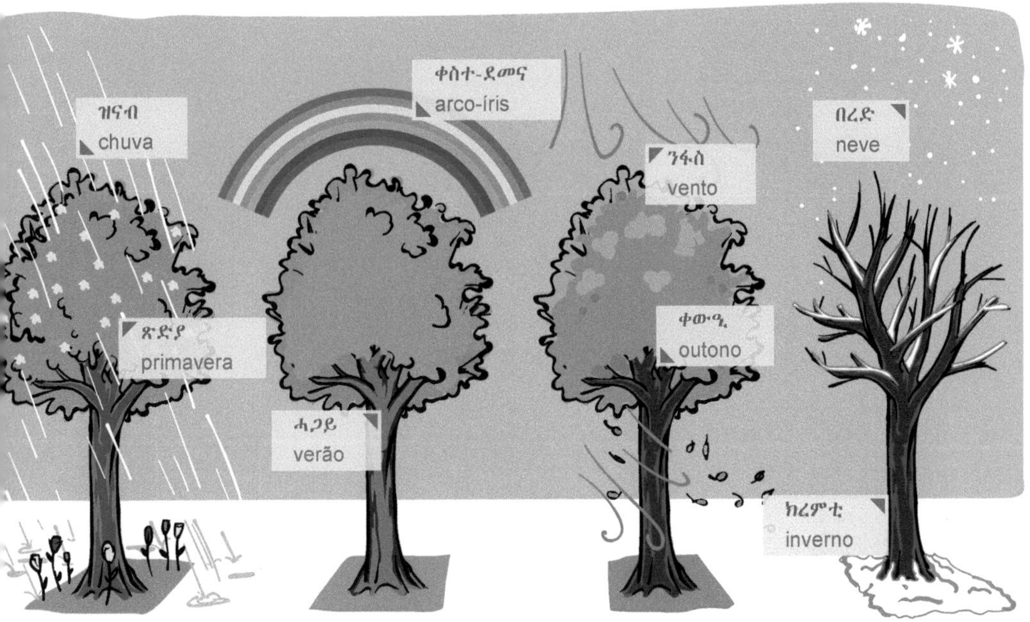

ዝናብ
chuva

ቀስተ-ደመና
arco-íris

ንፋስ
vento

በረድ
neve

ጽድያ
primavera

ቀውዒ
outono

ሓጋይ
verão

ክረምቲ
inverno

4.APRIL	11°	☀
5.APRIL	4°	
6.APRIL	13°	☁
7.APRIL	8°	☀
8.APRIL	10°	☀

ትንቢት ኩነታት ኣየር

previsão do tempo

ቴርሞመተር

termómetro

ብርሃን ጸሓይ

raios de sol

ደበና

nuvem

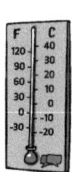

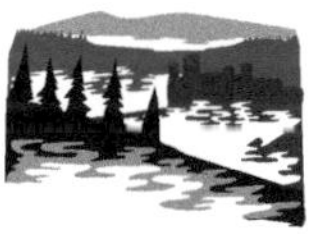

ግመ

neblina / nevoeiro

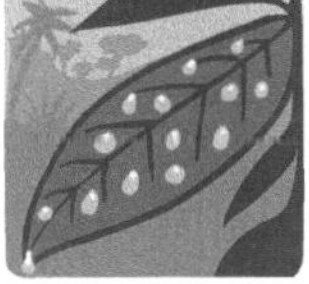

ጠሊ

humidade do ar

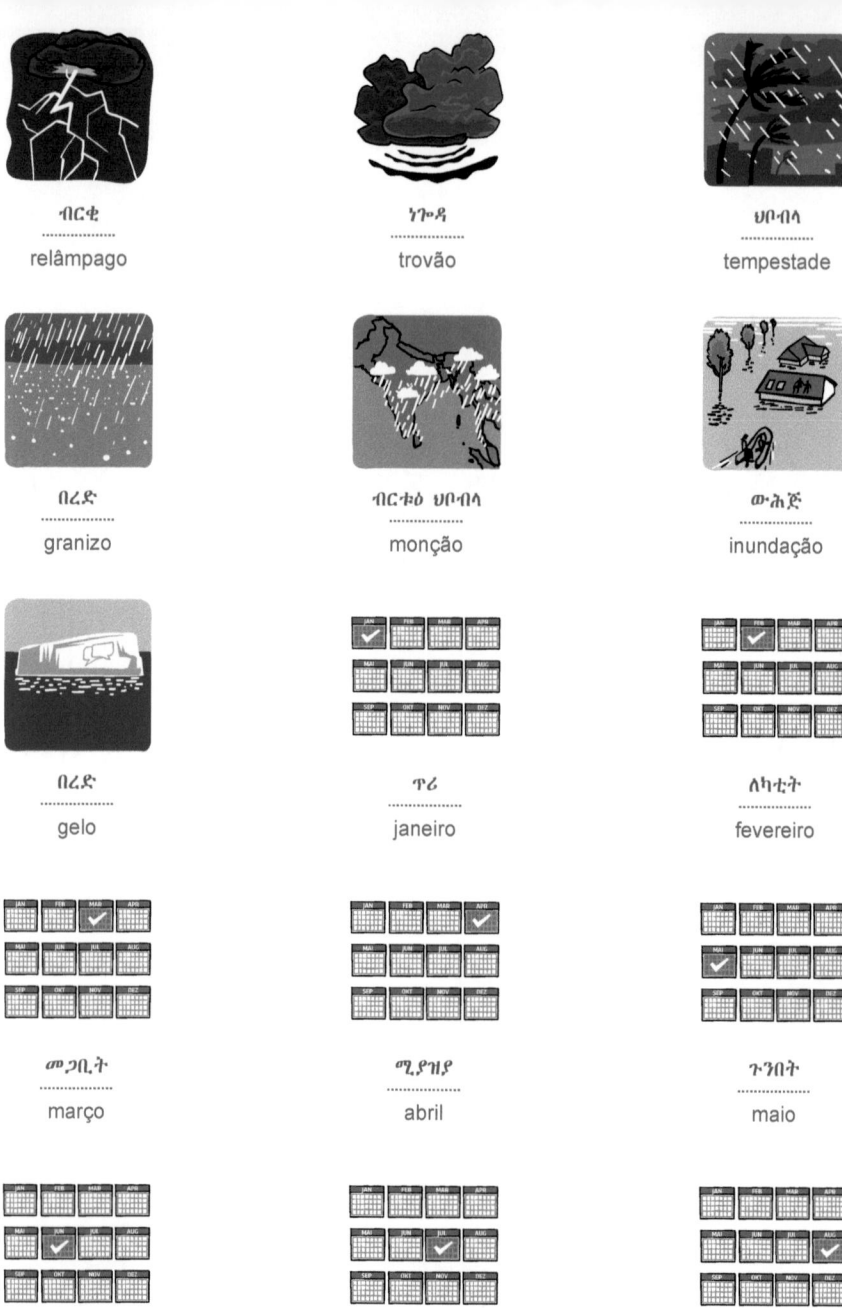

ብርቂ
relâmpago

ነጕዳ
trovão

ህቦብላ
tempestade

በረድ
granizo

ብርቱዕ ህቦብላ
monção

ውሕጅ
inundação

በረድ
gelo

ጥሪ
janeiro

ለካቲት
fevereiro

መጋቢት
março

ሚያዝያ
abril

ጒንበት
maio

ሰነ
junho

ሓምለ
julho

ነሓሰ
agosto

ዓመት - ano

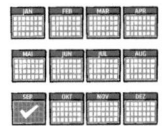

መስከረም
....
setembro

ጥቅምቲ
....
outubro

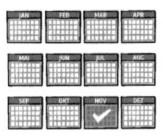

ሕዳር
....
novembro

ታሕሳስ
....
dezembro

ዙርያ
....
círculo

ትርብዒት
....
quadrado

ቅኑዕ ርቡዕ ኩርናዕ
....
retângulo

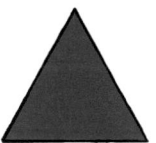

ስሉስ ኩርናዕ
....
triângulo

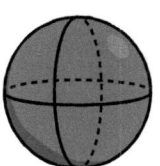

ክበ.
....
esfera

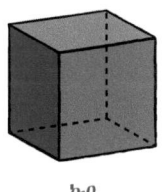

ኩቦ
....
cubo

ጻዕዳ

branco

ብጫ

amarelo

ኣራንሺ

laranja

ፒንክ

rosa

ቀይሕ

vermelho

ጆኽ

lilás

ሰማያዊ

azul

ቀጠልያ

verde

ቡናዊ

castanho

ሓሙኽሽታይ

cinzento

ጸሊም

preto

ብዙሕ / ውሑድ

muito / pouco

ሕሩቕ / ሰላማዊ

furioso / calmo

ጽቡቕ / ክፉእ

lindo / feio

መጀመርያ / መወዳእታ

princípio / fim

ዓቢ / ንእሽቶ

grande / pequeno

ብሩህ / ጸልማት

claro / escuro

ሓው / ሓፍት

irmão / irmã

ጽሩይ / ርሳሕ

limpo / sujo

ምሉእ / ዘይምሉእ

completo / incompleto

መዓልቲ / ለይቲ

dia / noite

ሙዉት / ህልው

morto / vivo

ሰፊሕ / ጸቢብ

largo / estreito

ደስ ዘበል / ደስ ዘይብል

comestível / não comestível

እኩይ / ህያዋይ

mau / gentil

ርቡጽ / ስልኩይ

entusiasmado / entediado

ረጊድ / ቀጢን

gordo / magro

ቀዳማይ / ናይ መወዳእታ

primeiro / último

ዓርኪ / ጸላኢ

amigo / inimigo

ምሉእ / ባዶ

cheio / vazio

ተሪር / ልስሉስ

duro / macio

ከቢድ / ፈኩስ

pesado / leve

ጥምየት / ጽምየት

fome / sede

ሕሙም / ጥዑይ

doente / saudável

ዘይሕጋዊ / ሕጋዊ

ilegal / legal

መስተውዓሊ / ስዲ

inteligente / burro

ጸጋም / የማን

esquerda / direita

ቐረባ / ርሑቕ

perto / longe

ሓዲሽ / ብሉይ
....
novo / usado

ዋላ ሓደ / ገለ
....
nada / algo

ዓቢ/ኣረጊት / መንእሰይ
....
velho / jovem

ወልዕ / ኣጥፍእ
....
ligado / desligado

ክፉት / ዕጹው
....
aberto / fechado

ህዱእ / ዓው
....
baixo / alto

ሃብታም / ድኻ
....
rico / pobre

ቅኑዕ / ግጉይ
....
certo / errado

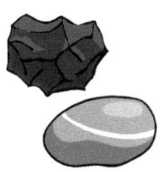

ሓርፋፍ / ልሙጽ
....
áspero / liso

ጉሁይ / ሕጉስ
....
triste / feliz

ሓጺር / ነዊሕ
....
curto / longo

ቀስ / ቅልጡፍ
....
lento / rápido

ጥሉል / ንቑጽ
....
molhado / seco

ምዉቕ / ዝሑል
....
ameno / fresco

ውግእ / ሰላም
....
guerra / paz

0	1	2
ዜሮ	ሓደ	ክልተ
zero	um	dois

3	4	5
ሰለስተ	አርባዕተ	ሓሙሽተ
três	quatro	cinco

6	7	8
ሽዱሽተ	ሸውዓተ	ሸሞንተ
seis	sete	oito

9	10	11
ትሽዓተ	ዓሰርተ	ዓሰርተ ሓደ
nove	dez	onze

12

ዓሰርተ ክልተ

doze

13

ዓሰርተ ሰለስተ

treze

14

ዓሰርተ አርባዕተ

catorze

15

ዓሰርተ ሓሙሽተ

quinze

16

ዓሰርተ ሽዱሽተ

dezasseis

17

ዓሰርተ ሸውዓተ

dezassete

18

ዓሰርተ ሸሞንተ

dezoito

19

ዓሰርተ ትሸዓተ

dezanove

20

ዕስራ

vinte

100

ሚእቲ

cem

1.000

ሽሕ

mil

1.000.000

ሚልዮን

milhão

 እንግሊዝኛ

inglês

አሜሪካዊ እንግሊዛዊ

inglês americano

ቻይናዊ ማንዳሪን

chinês mandarim

ሂንዳዊ

hindi

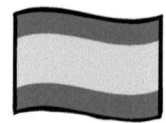

እስጳኛዊ

espanhol

ፈረንሳዊ

francês

ዓረባዊ

árabe

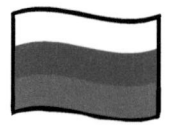

ሩሲያዊ

russo

ፖርቱጋላዊ

português

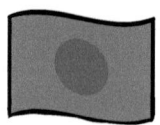

በንጋሊ

bengalês

ጀርመናዊ

alemão

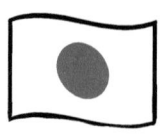

ጃፓናዊ

japonês

አነ

eu

ንስኻ/ኺ.

tu

ንሱ / ንሳ / ንሱ

ele / ela

ንሕና

nós

ንስኻ

vós

ንሳቶም

eles / elas

መን?

quem?

እንታይ?

o quê?

ከመይ?

como?

ኣበይ?

onde?

መዓስ?

quando?

ሽም

nome

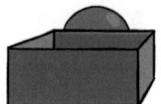

ድሕሪ

atrás

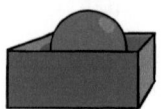

ኣብ

em

ኣብ ቅድሚ

à frente de

ኣብ ላዕሊ

sobre

ኣብ ልዕሊ

em cima

ትሕቲ ምድሪ

debaixo

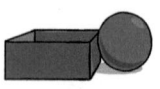

ኣብ ጥቻ

ao lado

ኣብ መንጎ

entre

ቦታ

lugar